Coding Puzzles

编程谜题

codingtmd 著

人 民 邮 电 出 版 社

北 京

图书在版编目（CIP）数据

编程谜题 / codingtmd著. -- 北京 : 人民邮电出版
社, 2016.5
ISBN 978-7-115-41901-9

Ⅰ. ①编… Ⅱ. ①c… Ⅲ. ①程序设计 Ⅳ.
①TP311.1

中国版本图书馆CIP数据核字(2016)第062878号

内容提要

本书精选 128 道经典的算法和编程题目，有针对性地做出分析和解答，并给出代码解决方案。本书的主要思路是，利用计算机算法知识，以分析和解决谜题的形式，总结如何把计算机常用算法及数据结构等知识应用到相关的问题上，提高读者分析问题、解决问题的能力。进而，希望培养读者的编程素养，帮助读者更好地从事程序设计的相关工作。

本书中的题目涉及递归、分而治之、二及树搜索、树遍历、图遍历、动态规划、字符串搜索等经典的算法问题，也是编程面试以及程序设计实践中经常遇到的问题。本书最后提供一个附录，包含一些精选的论文、图书和参考资料，可以帮助读者了解 IT 行业内最新的进展，并藉此在 IT 职业生涯中提高解决问题的能力。

本书适合对程序设计和算法问题感兴趣的读者阅读，尤其适合准备编程面试或者想要提高自身程序设计能力和素养的程序员学习参考。

◆ 著　　　　codingtmd
责任编辑　陈冀康
责任印制　张佳莹　焦志炜
◆ 人民邮电出版社出版发行　　北京市丰台区成寿寺路 11 号
邮编　100164　　电子邮件　315@ptpress.com.cn
网址　http://www.ptpress.com.cn

◆ 开本：720×960　1/16
印张：15.25
字数：207 千字　　　　2016 年 5 月第 1 版
印数：1 – 3 000 册　　　2016 年 5 月河北第 1 次印刷

定价：49.00 元

读者服务热线：(010)81055410　印装质量热线：(010)81055316
反盗版热线：(010)81055315

作者简介

codingtmd，2001～2005 年于中国科学技术大学获得计算机学士学位。2008 年获中国科学院软件所软件工程中心工学硕士学位。2008～2014 年供职于微软，从事于数据库、分布式系统、云计算基础架构及服务等方向的工作，参与了 Bing 和 Windows Azure 等系统的研发工作。目前就职于 Facebook，负责新产品研发及第三方云服务平台建设。

爱好算法及系统架构设计，酷爱读书，喜欢冒险。

前　　言

《Coding Puzzles》英文版最早起源于我在博客（http://fisherlei.blogspot.com）上的连载文章。因为我个人喜欢对 leetcode 的算法和编程题目做出分析和解答并写成博客在网络上分享，长期以来，积累了不少解题分析和思路方面的素材。编纂成书后受到了很多读者的欢迎，当然，也收到了很多的建议和批评。

读者的热情反馈，超出了我最早编写本书的预期，也促使我进一步编写和出版了英文版《Coding Puzzles》（第 2 版）（电子版）。该版本发布不久，我就收到了国内出版社的邀约，于是，有了大家手中这本《编程谜题》。

和最早的英文版相比，本书主要做了以下的修改和改进。

1. 根据读者反馈，修改了第 1 版的错误及疏漏，补充了新的图示及分析，使得内容上可读性更好。

2. 增加了更多的趣题。相比第 1 版，本版增加了 23 道新的题目。

3. 本书最后增加了一个附录，包括了业界一些常用分布式理论及产品设计的一些资料。希望可以帮助读者更好地了解业界的发展。

这本书的主要思路，是利用计算机算法知识，以分析和解决谜题的形式，总结如何把计算机常用算法及数据结构等知识应用到相关的问题上，提高读者分析问题、解决问题的能力；进而，希望培养读者的编程素养，帮助读者更好地从事程序设计的相关工作。

在分析解题思路的过程中，涉及一些算法和数据结构的知识，由于本书是面向解题方法和思路的，并没有针对这些算法和数据结构知识给出详细的讲解和介绍。如果读者需要温习计算机常用算法及数据结构的相关知识，建议阅读 Thomas H. Cormen 的《Introduction to Algorithms》或相关教科书。

需要说明的是，本书中的题目只是在程序员面试中一些比较有代表性的题目，而不是一个包罗万象的习题集。如何在纷繁复杂的题目中，找到其后不变的东西，才是算法分析的真谛。

如果读者希望亲自实践书中的题目，可以访问北美最流行的网站 https://leetcode.com/。如果希望参与后续的讨论，可以访问我的博客：http://www.cnblogs.com/codingtmd/或 http://fisherlei-blogspot.com。书中的示例代码，可以到 https://github.com/codingtmd/leetcode 下载。

因为水平有限，书中难免有错误纰漏和不足之处，还请广大读者将相关反馈发至 codingtmd @outlook.com。期望能够与读者共同学习和探讨。

■ 读者对象

本书的读者对象如下：

- 计算机行业从业者；
- 计算机相关专业学生；
- 对计算机算法应用感兴趣的人。

本书的示例代码都是用 C++写成，所以需要读者能够对 C/C++语言有所了解。

■ 致谢

感谢我的家人对我的全力支持。

感谢包子 IT 培训（http://baozitraining.org/）对于本书的支持和帮助。

感谢责任编辑陈冀康先生及人民邮电出版社将本书付梓出版。最后，祝大家一切顺利！

Codingtmd 于 Mountain View

2016 年 1 月

目　　录

1. 两数之和 …… 1
2. 3 个数之和 …… 4
3. 3 个数之和最接近 …… 6
4. 4 个数之和 …… 8
5. 二进制数相加 …… 9
6. 两个数相加 …… 11
7. anagrams …… 12
8. 购买和销售股票的最佳时机 I …… 14
9. 购买和销售股票的最佳时机 II …… 15
10. 购买和销售股票的最佳时机 III …… 15
11. 平衡二叉树 …… 17
12. 前序遍历二叉树 …… 18
13. 中序遍历二叉树 …… 21
14. 层次遍历二叉树 …… 23
15. 二叉树最大路径和 …… 25
16. 爬楼梯 …… 27
17. 复制图 …… 28
18. 组合求和 I …… 31
19. 组合求和 II …… 33
20. 组合 …… 35
21. 从前序遍历和中序遍历构造二叉树 …… 36

22. 能装最多的水的容器……39
23. 把排序的数组转换为二叉树……40
24. 将排序的链表转换为二叉树……41
25. 复制带有随机指针的链表……43
26. 数数并读出……45
27. 解码方法……47
28. 不同子序列……48
29. 两个整数相除……50
30. 编辑距离……51
31. 计算逆波兰式……54
32. 第 1 个非正整数……55
33. 将二叉树扁平化为链表……57
34. 加油站……60
35. 生成括号……62
36. 格雷码……64
37. 实现 strStr()……65
38. 插入间隔……68
39. 整数转换为罗马数字……70
40. 插值字符串……72
41. 跳跃游戏……76
42. 跳跃游戏 II……77
43. 柱状图中最大的矩形……79
44. 最后一个单词的长度……82
45. 一个手机号码的字母组合……84
46. 链表中的环……85

47. 链表中的环 II ······ 86
48. 最大公共前缀 ······ 88
49. 最长连续序列 ······ 89
50. 最长回文子字符串 ······ 91
51. 没有重复字符的最长的子字符串 ······ 93
52. 最长的有效的括号 ······ 94
53. LRU 缓存 ······ 95
54. 二叉树的最大深度 ······ 98
55. 一条直线上的点的最大数目 ······ 99
56. 最大子数组 ······ 101
57. 两个排序的数组的中位数 ······ 103
58. 合并间隔 ······ 106
59. 合并 *k* 个排序的链表 ······ 107
60. 合并排序的数组 ······ 109
61. 合并两个排序的链表 ······ 110
62. 二叉树的最小深度 ······ 111
63. 最小路径和 ······ 112
64. 最小的窗口子字符串 ······ 114
65. 字符串相乘 ······ 117
66. 下一个排列 ······ 118
67. 回文数字 ······ 120
68. 回文划分 ······ 121
69. 回文划分 II ······ 123
70. 划分链表 ······ 125
71. Pascal 三角 ······ 127

72. 路径加和 …… 128
73. 路径加和 II …… 130
74. 变换 …… 131
75. 变换 II …… 133
76. 变换序列 …… 135
77. 加 1 …… 137
78. 填充每一个节点的 Next 右指针 …… 138
79. 填充每一个节点的 Next 右指针 II …… 140
80. Pow(x, n) …… 143
81. 从排序的数组中删除重复的元素 …… 144
82. 从排序的数组中删除重复的元素 II …… 145
83. 从排序的链表中删除重复元素 …… 146
84. 从排序的链表中删除重复元素 II …… 147
85. 删除元素 …… 148
86. 删除从链表末尾开始的第 N 个节点 …… 149
87. 重新排序链表 …… 151
88. 还原 IP 地址 …… 153
89. 整数翻转 …… 154
90. 翻转链表 II …… 156
91. 以 k 为一组翻转节点 …… 157
92. 从罗马数字转换为整数 …… 159
93. 旋转图像 …… 161
94. 旋转链表 …… 162
95. 搜索一个 2D 矩阵 …… 163
96. 搜索一个范围 …… 165

97. 在旋转后的排序数组中搜索 …… 167
98. 在旋转后的排序数组中搜索 II …… 169
99. 搜索插入位置 …… 170
100. 序列化和反序列化一个树 …… 171
101. 设置矩阵为 0 …… 173
102. 简化路径 …… 175
103. 单个数字 …… 177
104. 单个数字 II …… 178
105. 排序颜色 …… 179
106. 排序链表 …… 181
107. Sqrt(x) …… 184
108. 字符串转换为整数 …… 186
109. 子集 …… 188
110. 子集 II …… 190
111. 对根到叶子的数字求和 …… 192
112. 包围的区域 …… 193
113. 成对地交换节点 …… 196
114. 对成树 …… 197
115. 装雨水 …… 200
116. 三角形 …… 202
117. 唯一的二叉搜索树 …… 204
118. 唯一的二叉搜索树 II …… 206
119. 唯一路径 …… 208
120. 唯一路径 II …… 209
121. 大写和小写排列 …… 211

122. 验证回文 …… 213
123. 验证括号 …… 214
124. 验证数独 …… 215
125. 验证二叉搜索树 …… 217
126. 通配符匹配 …… 218
127. 单词拆分 …… 220
128. 单词拆分 II …… 222
附录　阅读列表 …… 224

1. 两数之和

【题目】

给定整数的一个数组，找出这样的两个数，它们的加和等于一个特定的目标数字（target）。

twoSum 函数应该返回两个数的索引，这两个数相加等于目标数字，其中 index1 必须小于 index2。请注意，返回的结果（index1 和 index2）不是基于 0 的。

可以假设对每一个输入来说，都只有一个解决方案。

输入：numbers={2, 7, 11, 15}，target=9

输出：index1=1，index2=2

【解析】

最直观明了的解法是通过暴力搜索，使用两个嵌套的循环来遍历所有可能，时间复杂度为 $O(n*n)$。但是很明显，这不是出题者想看到的结果。

有两种解法。

解法一，哈希方法。

从左往右扫描一遍，然后将整数及其索引存到 map 中。然后再扫描一遍，对每一个整数 K，搜索 target-K 在 map 中是否存在即可。如果存在，则输出 K 及 target-K 的下标。时间复杂度为 $O(n)$。

解法二，双指针扫描。

首先将数组排序，然后双指针从首尾往中间扫描。时间复杂度为 $O(n*\lg n)$。因为要求返回原数组的下标，所以在排序的时候还要有额外的数组来存储下标信息。

注意	**双指针扫描** 双指针问题是对于普通问题的一种特殊解法，往往要求问题是线性的，可以用双指针来遍历，从许多解中找到一个最大或者最小的解。双指针一般可以分别放在首尾处，用来往中间靠拢，或者都放在头部，用来划分区间。

【代码】

解法一的实现如下：

```
vector<int> twoSum(vector<int>&numbers, int target) {
  map<int, int> mapping;
  vector<int> result;
  for(int i =0; i< numbers.size(); i++)
  {
    mapping[numbers[i]]=i;
  }
  for(int i =0; i< numbers.size(); i++)
  {
    int searched = target - numbers[i];
    if(mapping.find(searched) != mapping.end()&&i!=mapping[searched])
    {
      result.push_back(i+1);
      result.push_back(mapping[searched]+1);
      break;
    }
  }
  return result;
}
```

解法二的实现如下：

```
struct Node
{
   int val;
   int index;
   Node(int pVal, int pIndex):val(pVal), index(pIndex){}
};
static bool compare(const Node &left, const Node &right)
{
   return left.val < right.val;
}
vector<int> twoSum(vector<int>&numbers, int target) {
    vector<Node> elements;
    for(int i =0; i< numbers.size(); i++)
    {
      elements.push_back(Node(numbers[i], i));
    }
    std::sort(elements.begin(), elements.end(), compare);
    int start = 0, end = numbers.size()-1;
        vector<int> result;
        while(start < end)
      {
        int sum = elements[start].val + elements[end].val;
       if(sum == target)
         {
         result.push_back(elements[start].index+1);
            if(elements[start].index < elements[end].index)
       result.push_back(elements[end].index+1);
            else
       result.insert(result.begin(),elements[end].index+1);
            break;
         }
         else if(sum > target)
            end--;
         else
            start++;
       }
       return result;
 }
```

2. 3个数之和

给定 n 个整数的一个数组 S，S 中是否有元素 a、b 和 c 满足 $a+b+c=0$？找出数组中所有满足加和为 0 的不同的三个数组合。

注意，(a,b,c)中的元素必须是非降序的排列方式（即，$a \leqslant b \leqslant c$）。

解决方案中给出的集合不能包含重复的三元组。

例如，给定数组 S = {-1 0 1 2 -1 -4}，

一个解决方案集合是

```
(-1, 0, 1)
(-1, -1, 2)
```

【解析】

这是上一题的扩展，把 2 个变量变成 3 个变量。对于一般的扩展题，要通过一些转化将其还原为已有的问题，才能更好地处理。

如果我们把等式稍稍修改一下，

```
a + b + c =0   =>   a + b = -c
```

这时候，问题就转换为，寻找两个变量 a 和 b，使得其之和为-c，又回到了“两数之和”的问题。

因为题目提到了可能出现重复解的问题，所以要注意“去重”。

1．代码第 19～24 行

双指针扫描的去重。例如，对于[-2, 0, 0, 2,2]，我们期待的结果应该是[-2,0,2]。如果不去重的话，结果就是[-2,0,2] , [-2,0,2]

2．代码第 37 行

外层循环去重。比如[-2, -2, -2, 0,2]，包含三个-2，当在循环中处理完第一个-2 以后，后面的两个就没有必要重复处理了。

【代码】

```
1:  vector<vector<int>> threeSum(vector<int>&num) {
2:      std::sort(num.begin(), num.end());
3:      vector<vector<int>> result;
4:      int len = num.size();
5:      for(int i =0; i< len; i++)
6:      {
7:          int target = 0-num[i];
8:          int start = i+1, end =len-1;
9:          while(start<end)
10:          {
11:              if(num[start] + num[end] == target)
12:              {
13:                  vector<int> solution;
14:                  solution.push_back(num[i]);
15:                  solution.push_back(num[start]);
16:                  solution.push_back(num[end]);
17:                  result.push_back(solution);
18:                  start++; end--;
19:                  while(start<end
20:                      && num[start] == num[start-1])
21:                      start++;
22:                  while(start<end
23:                      && num[end] == num[end+1])
24:                      end--;
```

```
                }
                else if(num[start] + num[end] < target)
                {
                    start++;
                }
                else
                {
                    end--;
                }
            }
            if(i<len-1)
            {
                while(num[i] == num[i+1]) i++;
            }
        }
        return result;
}
```

3. 3个数之和最接近

给定 n 个整数的一个数组 S，从 S 中找出 3 个数，其加和最接近一个给定的数 target。返回这 3 个数的和。可以假设每一次输入都只有一个解决方案。

例如，给定数组 $S = \{-1\ 2\ 1\ -4\}$,并且 target = 1。最接近 target 的和是 2。$(-1 + 2 + 1 = 2)$。

【解析】

这个是第 2 题“3 个数之和”问题的扩展。解法和第 2 题类似，唯一的区别是在遍历的过程中，需要增加一个变量来记录遍历过程中的最小值，请见如下粗体所示的代码。

【代码】

```
int threeSumClosest(vector<int>&num, int target) {
    std::sort(num.begin(), num.end());
    int len = num.size();
    int minV = INT_MAX, record;
    for(int i =0; i< len; i++)
    {
        int start = i+1, end =len-1;
        while(start<end)
        {
            int sum = num[i] + num[start] + num[end];
            if(sum == target)
            {
                minV = 0;
                record = sum;
                break;
            }
            if(sum < target)
            {
                if(target-sum < minV)
                {
                    minV = target-sum;
                    record = sum;
                }
                start++;
            }
            else
            {
                if(sum-target < minV)
                {
                    minV = sum - target;
                    record = sum;
                }
                end--;
```

```
                }
            }
            if(record == target) break;
            //de-duplicate
            while(i<len-1 && num[i] == num[i+1]) i++;
        }
        return record;
    }
```

4. 4个数之和

给定 n 个整数的一个数组 S，S 中是否有 4 个元素 a、b、c 和 d，满足 $a+b+c+d=\text{target}$？找出数组中加和为 target 的所有不同的四元组。

注意，四元组(a,b,c,d)中的元素必须是非降序的（如，$a \leqslant b \leqslant c \leqslant d$）。

解决方案集合不能包含重复的四元组。

例如，给定数组 $S = \{1\ 0\ \text{-}1\ 0\ \text{-}2\ 2\}$，并且 target = 0。

解决方案集合是：

```
(-1,  0, 0, 1)
(-2, -1, 1, 2)
(-2,  0, 0, 2)
```

【解析】

这道题需要做一些变换，才能更好地理解。

```
a + b + c + d =>  (a+b) + (c+d).
```

说明，“4 个数之和”其实就是第 1 题“两数之和”的另一种形式。如果我们先获得（$a+b$）和（$c+d$）的所有可能值的集合 S-Com，那么在 S-Com 上再做一遍“两数之和”，问题就解决了。

首先，通过一个两层循环，获得所有可能的两个数（（$a+b$）或者（$c+d$））之和。用题目中的例子做个示范，S = {1 0 -1 0 -2 2}，那么 S-Com 可以通过任意两两元素相加获得，例如：

```
S                           S-Com
{-2,-1}                     {-3}
{-2,0}                      {-2}
{-2, 1}, {-1, 0}            {-1}
{0,0}, {-1, 1}, {-2,2}      {0}
{0, 1}, {-1,2}              {1}
{0, 2}                      {2}
{1,2}                       {3}
```

可以求得 S-Com = {-3 -2 -1 0 1 2 3}，然后基于 S-Com 做一遍“两数之和”求解。

```
K + N = target
```

求得所有的（K,N）组合之后，再将 K, N 根据 S <=> S-Com 的对应关系，还原成（$a+b$）和（$c+d$）即可。具体的实现就留给读者自己去做了。

5. 二进制数相加

给定两个二进制字符串，返回它们的加和（也是一个二进制字符串的形式）。

例如，

```
a = "11"
b = "1"
```

返回"100".

【解析】

这是一道很经典的题目，本身并没有算法上的难度。要点是通过数组模拟加法，一位一位地往上加，并注意处理进位。

【代码】

```
1:   string addBinary(string a, string b) {
2:     int carry =0;
3:     string result;
4:      for(int i = a.size()-1, j = b.size()-1; i >=0 || j>=0; --i,--j)
5:     {
6:       int ai = i>=0? a[i]-'0':0;
7:       int bj = j>=0? b[j]-'0':0;
8:       int val = (ai+bj+carry)%2;
9:       carry = (ai+bj+carry) /2;
10:      result.insert(result.begin(), val+'0');
11:     }
12:     if(carry ==1)
13:     {
14:      result.insert(result.begin(), '1');
15:     }
16:     return result;
17:  }
```

注意 本题的一个扩展就是，如果不是二进制而是十六进制，如何求解。在上面的代码中很容易更改，将代码第 8 行和第 9 行中的 2 改成 16 就可以了。

6. 两个数相加

给定了表示非负数的两个链表。数字都是以逆序存储的，并且每个节点都包含一个单个的数字。将两个数相加，并且以一个链表的形式返回结果：

输入：(2 -> 4 -> 3) + (5 -> 6 -> 4)

输出：7 -> 0 -> 8

【解析】

本题和上一题是一样的，区别只是在于上一题是基于数组的，而本题是基于链表的。把数组运算操作，改成链表操作就可以了。

【代码】

```
ListNode *addTwoNumbers(ListNode *l1, ListNode *l2) {
        ListNode* result = new ListNode(-1);
        ListNode* pre = result;
        ListNode *pa = l1, *pb = l2;
        int carry =0;
        while(pa!=NULL || pb!=NULL)
        {
            int av = pa == NULL? 0:pa->val;
            int bv = pb == NULL? 0:pb->val;
            ListNode* node = new ListNode((av+bv+carry)%10);
            carry = (av+bv+carry)/10;
            pre->next = node;
            pre = pre->next;
            pa = pa==NULL? NULL:pa->next;
            pb = pb==NULL? NULL:pb->next;
        }
```

```
        if(carry >0)
            pre->next = new ListNode(1);
        pre = result->next;
        delete result;
        return pre;
    }
```

7. anagrams

给定字符串的一个数组，返回能够形成anagrams[①]的所有字符串组合。

注意，所有的输入都将是小写的。

【解析】

这道题其实在实际中也比较常见，设计一个哈希算法，使得任意两个由相同字符组成的字符串，都能产生相同的哈希值，是这道题的考点。对每一个字符串取哈希值，然后哈希值相同的即为 anagrams。但是实现上还会有个问题，如果通过统计字符出现的次数来产生一个字符串的哈希值（如粗体代码所示）虽然精确，但是对于超大字符串，也容易导致超时。比较简单的方式是通过字符出现的次数来生成一个整数哈希，但是这种实现的风险是哈希冲突，即哈希值相同的不见得是 anagrams。

【代码】

```
vector<string> anagrams(vector<string>&strs) {
    vector<string> result;
    if(strs.size() ==0) return result;
    map<long, vector<string>> smap;
    for(int i =0; i< strs.size(); i++)
```

① anagrams 指的是这样的两个单词：在这两个单词当中，每一个英文字母所出现的次数都是相同的（不区分大小写）。

```
    {
        smap[footprint(strs[i])].push_back(strs[i]);
    }
    for(auto it = smap.begin(); it!=smap.end(); ++it)
    {
        if(it->second.size() <=1)
            continue;
        result.insert(result.begin(),
                it->second.begin(), it->second.end());
    }
    return result;
}
long footprint(string str)
{
    int index[26];
    memset(index, 0, 26*sizeof(int));
    for(int i = 0; i < str.size(); i++)
    {
        index[str[i]-'a']++;
    }
    /*string footp;
    for(int i =0; i<26; i++)
    {
        footp.append(1,i+'a');
        stringstream ss;
        ss << index[i];
        footp.append(ss.str());
    }*/
    long footp=0;
    int feed =7;
    for(int i =0; i< 26; i++)
    {
        footp= footp*feed +index[i];
    }
    return footp;
}
```

8. 购买和销售股票的最佳时机 I

假设有一个数组，其第 i 个元素是一支给定的股票在某一天 i 的价格。

如果最多只允许你完成一次交易（例如，购买或销售一次该股票的份额），设计一个算法，来找到最大的赢利点。

【解析】

这个题目比较简单。因为题目设定了只能交易一次，所以只要找到数组中任意两元素间最大的一个差值就可以了。当从左往右扫描数组的时候，用两个变量来记录当前最低价 min$V$ 和当前最大利润 max$P$。对于每一个数组元素，计算其与最低价 min$V$ 的差价，如果该差价小于 max$P$，那么该元素不可能为所求元素，直接跳过；如果该差价大于 max$P$，则该元素产生了更大利润，用该差价替换 max$P$。

【代码】

```
int maxProfit(vector<int>&prices) {
  // Start typing your C/C++ solution below
  // DO NOT write int main() function
  int minV=INT_MAX; int max =0;
  int diff=0;
  for(int i =0; i< prices.size(); i++)
  {
    if(prices[i]<minV) minV = prices[i];
    diff = prices[i] - minV;
    if(max<diff)
      max = diff;
  }
  return max;
}
```

9. 购买和销售股票的最佳时机 II

假设有一个数组，其第 i 个元素是一支给定的股票在某一天 i 的价格。

设计一个算法，来找到最大的赢利点。你可以进行任意多次的交易（例如，多次购买和销售该股票的份额）。然而，你不能同时进行多次交易（例如，在再次购买之前，必须先销售该股票）。

【解析】

因为可以交易无限次数，所以最大的交易利润，就是所有交易利润的总和。从左往右扫描数组，只要是交易利润（差价>0），都加起来，即为所求。

【代码】

```
int maxProfit(vector<int>&prices) {
  // Start typing your C/C++ solution below
  // DO NOT write int main() function
  int max=0;
  int sum = 0;
  for(int i =1; i< prices.size(); i++)
  {
    int diff = prices[i] -prices[i-1];
    if(diff>0)
       sum+=diff;
 }
    return sum;
 }
```

10. 购买和销售股票的最佳时机III

假设有一个数组，其第 i 个元素是一支给定的股票在某一天 i 的价格。

设计一个算法，来找到最大的赢利点。你最多可以进行两次交易。

注意，你不能同时进行多次交易（例如，在再次购买之前，必须先销售该股票）。

【解析】

当题目把交易次数限定为两次，那么此题就变为一道一维动态规划问题。根据任意一个数组的下标 i，可以将数组分为两个部分：$A[0,i]$和 $A[i+1, n]$，那么两个数组分别产生两个利润 MaxProfit(0,i)和 MaxProfit(i+1,n)，所以对于最大利润，我们可以用如下表达式来表述：

```
FinalMaxProfix = max(MaxProfit(0,i) + MaxProfit(i+1, n))   0<=i<n
```

这样，题目就变简单了，事先预处理一下数组，计算好 MaxProfit(0,i)和 MaxProfit(i+1,n)。然后将数组再扫描一遍，就可以轻松地计算出 FinalMaxProfit。

【代码】

```
int maxProfit(vector<int>&prices) {
    if(prices.size() <= 1) return 0;
    vector<int> maxFromLeft(prices.size(), 0);
    vector<int> maxFromRight(prices.size(), 0);
    int minV = INT_MAX, maxP = INT_MIN;
    for(int i =0; i< prices.size(); i++)
    {
        if(minV > prices[i]) minV = prices[i];
        int temp = prices[i] - minV;
        if(temp > maxP) maxP = temp;
        maxFromLeft[i] = maxP;
    }
    int maxV = INT_MIN;
    maxP = INT_MIN;
```

```
15:      for(int i =prices.size()-1; i>=0; i--)
16:      {
17:          if(maxV < prices[i]) maxV = prices[i];
18:          int temp = maxV - prices[i];
19:          if(temp > maxP) maxP = temp;
20:          maxFromRight[i] = maxP;
21:      }
22:      int maxProfit = INT_MIN;
23:      for(int i =0; i< prices.size()-1; i++)
24:      {
25:          int sum = maxFromLeft[i] + maxFromRight[i+1];
26:          if(sum > maxProfit) maxProfit = sum;
27:      }
28:      if(maxProfit < maxFromRight[0])
29:          maxProfit = maxFromRight[0];
30:      return maxProfit;
31:  }
```

【说明】

代码第 6～12 行和代码第 15～21 行可以合并到一个 for 循环中，这里将其分开是考虑可读性。

11．平衡二叉树

给定一个二叉树，确定它是否是高度平衡的。对于这个问题，高度平衡二叉树定义为其每一个节点的两个子树的深度之差不超过 1。

【解析】

树的问题，大部分都是通过递归来解决的。这道题可以分解为：如果一个树是平衡树，那么其任意一个节点也都是平衡树，即左右子树高度差不超过 1。通过根节点对于树进行遍历，然后验证每一个节点是否为平衡树。

【代码】

```
bool isBalanced(TreeNode *root) {
  // Start typing your C/C++ solution below
  // DO NOT write int main() function
  if(root == NULL) return true;
  int val = GetBalance(root);
  if(val ==-1) return false;
  return true;
}
int GetBalance(TreeNode* node)
{
   if(node == NULL)
     return 0;
   int left = GetBalance(node->left);
   if(left == -1) return -1;
   int right = GetBalance(node->right);
   if(right == -1) return -1;
   if(left-right>1 || right-left>1)
     return -1;
   return left>right? left+1:right+1;
}
```

12. 前序遍历二叉树

给定一个二叉树，返回其节点的值的前序遍历。

例如，给定二叉树{1,#,2,3}

```
 1
  \
   2
  /
 3
```

返回[1,2,3]。

注意，递归解决方案很简单，你能用循环迭代来解决这个题目吗？

【解析】

树的遍历常用的方式有两种：递归和循环。一般递归最容易实现，但是限制性也很明显，即无法处理比较大的数据。面试的时候，更多还是关注在如何用 while/for 循环来实现树的 3 种遍历：前序、中序和后序。

如果用前序遍历作为例子，递归的方式是最直观的：

```
visit node
for the visited node, recursively
      a. visit node->left
      b. visit node->right
```

同时，递归的代码也是最简洁的：

```
preorder(node)
if node == null then return
  visit(node)
  preorder(node.left)
  preorder(node.right)
```

如果想通过 while/for 循环来模拟前序遍历，往往要通过额外的栈或者队列来寄存访问节点。

前序遍历的伪代码可以表示为：

```
iterativePreorder(node)
  parentStack = empty stack
  parentStack.push(null)
  top =  node
while ( top != null )
```

```
    visit( top )
    if ( top.right≠null )
       parentStack.push(top.right)
    if ( top.left≠null )
       parentStack.push(top.left)
    top = parentStack.pop()
```

同理，给出中序遍历、后序遍历的伪代码实现

中序遍历

```
inorder(node)
if node == null then return
  inorder(node.left)
  visit(node)
  inorder(node.right)
iterativeInorder(node)
  parentStack = empty stack
while (not parentStack.isEmpty() or node≠null)
if (node≠null)
      parentStack.push(node)
      node = node.left
else
      node = parentStack.pop()
      visit(node)
      node = node.right
```

后序遍历

```
postorder(node)
if node == null then return
  postorder(node.left)
  postorder(node.right)
  visit(node)
iterativePostorder(node)
  parentStack = empty stack
  lastnodevisited = null
while (not parentStack.isEmpty() or node≠null)
if (node≠null)
```

```
        parentStack.push(node)
        node = node.left
else
        peeknode = parentStack.peek()
if (peeknode.right≠nulland lastnodevisited≠peeknode.right)
          /* if right child exists AND traversing node from left child,
move right */
          node = peeknode.right
else
          parentStack.pop()
          visit(peeknode)
         lastnodevisited = peeknode
```

【代码】

```
vector<int> preorderTraversal(TreeNode *root) {
     stack<TreeNode*> tStack;
     vector<int> result;
     while(tStack.size()>0 || root != NULL)
     {
          if(root != NULL)
          {
               result.push_back(root->val);
               if(root->right !=NULL)
                tStack.push(root->right);
                root = root->left;
           }
           else
           {
                root = tStack.top();
                tStack.pop();
           }
      }
      return result;
}
```

13. 中序遍历二叉树

给定一个二叉树，返回其节点值的中序遍历。

例如，给定二叉树 {1,#,2,3}

```
1
 \
  2
 /
3
```

返回 [1,3,2]。

注意，递归解决方案很简单，你能够用循环迭代来解决这个题目吗？

【解析】

相关解析请参看上一题。

【代码】

递归版本

```
vector<int> inorderTraversal(TreeNode *root) {
  // Start typing your C/C++ solution below
  // DO NOT write int main() function
  vector<int> result;
  inorderTra(root, result);
  return result;
}
void inorderTra(TreeNode* node, vector<int>&result)
{
   if(node == NULL)
   {
     return;
   }
   inorderTra(node->left, result);
   result.push_back(node->val);
```

```
    inorderTra(node->right, result);
}
```

迭代版本

```
vector<int> inorderTraversal(TreeNode *root) {
  // Start typing your C/C++ solution below
  // DO NOT write int main() function
  vector<TreeNode*> sta;
  vector<int> result;
  if(root == NULL) return result;
  TreeNode* node =root;
  while(sta.size()>0 || node!=NULL)
  {
    while(node!=NULL)
    {
      sta.push_back(node);
      node = node->left;
    }
    node= sta.back();
    sta.pop_back();
    result.push_back(node->val);
    node =node->right;
  }
  return result;
}
```

【说明】:

后序的循环遍历就留给读者自己去实现了。

14. 层次遍历二叉树

给定一个二叉树，返回其节点值的层次遍历（即从左到右，一层一层遍历）。

例如：

给定二叉树 {3,9,20,#,#,15,7}

```
    3
   / \
  9  20
    /  \
   15   7
```

返回其层次遍历如下：

```
[
  [3],
  [9,20],
  [15,7]
]
```

【解析】

可以通过广度优先遍历来实现按层次遍历。创建一个 Queue 来缓存每一层的树节点，在遍历 Queue 的过程中，每取出一个元素，将该元素的左右子节点按顺序插入 Queue 中。一直遍历下去，直至 Queue 为空。

【代码】

```
vector<vector<int>> levelOrder(TreeNode *root) {
  vector<vector<int>> result;
  if(root == NULL) return result;
  queue<TreeNode*> nodeQ;
  nodeQ.push(root);
  int nextLevelCnt=0, currentLevelCnt=1;
  vector<int> layer;
  int visitedCnt=0;
```

```
    while(nodeQ.size() != 0)
   {
      TreeNode* node = nodeQ.front();
      nodeQ.pop();
      visitedCnt++;
      layer.push_back(node->val);
      if(node->left != NULL)
     {
        nodeQ.push(node->left);
        nextLevelCnt++;
     }
      if(node->right != NULL)
     {
        nodeQ.push(node->right);
        nextLevelCnt++;
     }
      if(visitedCnt == currentLevelCnt)
     {
        visitedCnt =0;
        currentLevelCnt = nextLevelCnt;
        nextLevelCnt=0;
        result.push_back(layer);
        layer.clear();
     }
   }
    return result;
}
```

15. 二叉树最大路径和

给定一个二叉树，找出最大的路径和。路径可以从树中的任何节点开始或结束。

例如，给定如下的二叉树：

```
      1
     / \
    2   3
```

返回 6。

【解析】

对于任意一个节点，它的最大值路径无非是如下 4 种情况之一：

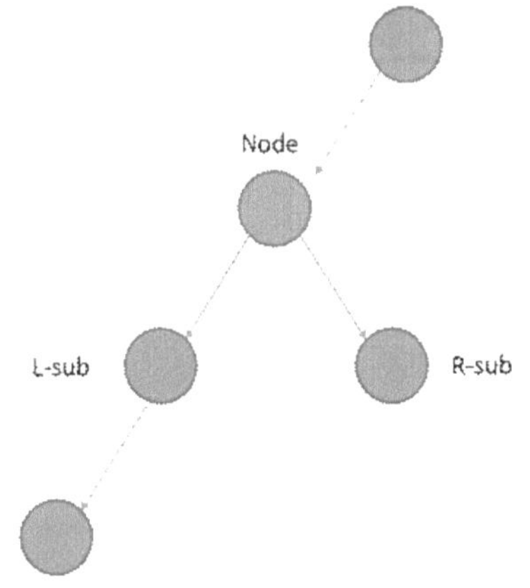

1. 单节点。

2. 左子树+单节点。

3. 右子树+单节点。

4. 左子树+单节点+右子树。

所以，在对树进行递归遍历的过程中，从下往上构建最大值路径，对于每一个节点，求取以上 4 种情况的值，选择其中最大的作为该节点的最大值路径。

【代码】

```
int maxPathSum(TreeNode *root) {
  // Start typing your C/C++ solution below
  // DO NOT write int main() function
  int maxAcrossRoot=INT_MIN;
  int maxEndByRoot = GetMax(root, maxAcrossRoot);
  return std::max(maxAcrossRoot, maxEndByRoot);
}
int GetMax(TreeNode *node, int& maxAcrossRoot)
{
   if(node == NULL) return 0;
   int left = GetMax(node->left, maxAcrossRoot);
   int right = GetMax(node->right, maxAcrossRoot);
   int cMax = node->val;
   if(left>0)
     cMax+=left;
   if(right>0)
     cMax+=right;
   maxAcrossRoot = std::max(maxAcrossRoot, cMax);
   return std::max(
     node->val,
     std::max(node->val+left, node->val+right));
}
```

16. 爬楼梯

你要爬一个楼梯。到达楼梯顶部需要 n 个步骤。每次你可以爬 1 步或 2 步。有多少种不同的方法可以爬到顶部？

【解析】

这道题是斐波那契数列的转换题。采用一维的动态规划即可解题。递推方程式如下：

```
f(n) = f(n-1) + f(n-2)  n>2;
    或 = 1 n=1
    或 = 2 n=2
```

【代码】

```
int climbStairs(int n) {
  // Start typing your C/C++ solution below
  // DO NOT write int main() function
  int fn_2 =1, fn_1=2;
  if(n==1) return fn_2;
  if(n ==2) return fn_1;
  int fn;
  for(int i =3; i<=n; i++)
  {
     fn = fn_2+fn_1;
     fn_2 = fn_1;
     fn_1= fn;
   }
   return fn;
}
```

17. 复制图

复制一个无向图。图中的每个节点，包含了一个 label，以及其 neighbors 的一个链表。

节点的标签是唯一的。我们使用#作为每个节点的分隔符，并且使用逗号(,)作为节点标签与节点的每一个邻近节点的分隔符。例如，考虑序列化的图{0,1,2#1,2#2,2}。

该图一共有 3 个节点，因此，包含用#分隔开的 3 个部分。

1．第 1 个节点的标签是 0。节点 0 与节点 1 和节点 2 都是相连的。

2．第 2 个节点的标签是 1。节点 1 和节点 2 是相连的。

3．第 3 个节点的标签是 2。节点 2 与其自身是相连的，因此，形成了一个自循环。

该图如下所示：

```
     1
    / \
   /   \
  0 --- 2
       / \
       \_/
```

【解析】

本题和第 25 题“复制带有随机指针的链表”类似。所不同的是，在链表拷贝中，没有借助额外空间，而是通过多次链表遍历来拷贝、链接及拆分。

而这里图的拷贝，也可以通过多次遍历来插入拷贝节点，链接拷贝节点以及将拷贝节点拆分出来。但是问题是，需要对图进行多次遍历。如果想在一次遍历中完成拷贝的话，那就需要使用额外的数据结构 map 来存储源节点和拷贝节点之间的对应关系。有了这个关系之后，在遍历图的过程中，就可以同时处理访问节点及访问节点的拷贝节点，一次完成。详细情况参见下面的代码。

【代码】

```
/**
 * Definition for undirected graph.
 * struct UndirectedGraphNode {
 *   int label;
```

```
 *   vector<UndirectedGraphNode *> neighbors;
 *   UndirectedGraphNode(int x) : label(x) {};
 * };
 */
UndirectedGraphNode *cloneGraph(
      UndirectedGraphNode *node)
 {
      if(node == NULL) return NULL;
      unordered_map<UndirectedGraphNode *,
                    UndirectedGraphNode *> nodeMap;
      queue<UndirectedGraphNode *> visit;
      visit.push(node);
      UndirectedGraphNode * nodeCopy =
              new UndirectedGraphNode(node->label);
      nodeMap[node] = nodeCopy;
      while (visit.size()>0)
      {
          UndirectedGraphNode * cur = visit.front();
          visit.pop();
          for (int i = 0; i< cur->neighbors.size(); ++i)
          {
              UndirectedGraphNode * neighb =
                  cur->neighbors[i];
              if (nodeMap.find(neighb) == nodeMap.end())
              {
                  // no copy of neighbor node yet.
                  // create one and link it with the copy of cur
                  UndirectedGraphNode* neighbCopy =
                     new UndirectedGraphNode(neighb->label);
                  nodeMap[cur]->neighbors.push_back(
                      neighbCopy);
                  nodeMap[neighb] = neighbCopy;
                  visit.push(neighb);
              }
              else
              {
```

```
                    // already a copy there.
                    // Link it with the copy of cur
                    nodeMap[cur]->neighbors.push_back(
                        nodeMap[neighb]);
                }
            }
        }
        return nodeCopy;
    }
```

18. 组合求和 I

给定候选数字的一个集合（*C*）和一个目标数字（*T*），找出 *C* 中的所有的唯一的组合，使得候选数字的加和等于 *T*。

可以从 *C* 中无限次地选择相同的重复的数字。

注意，所有的数字（包括目标数字）都将是正整数。

一个组合($a1, a2, \cdots, ak$)中的元素必须是非降序排列的（即 $a1 \leqslant a2 \leqslant \cdots \leqslant ak$）。

解决方案集合必须不能包含重复的组合。

例如，给定候选数集合 2,3,6,7 和目标数字 7。

一个解决方案集合如下：

```
[7]
[2, 2, 3]
```

【解析】

这是一道非常经典的递归题，通过递归来遍历所有可能的组合，从中选取符合条件的组合。

【代码】

```
vector<vector<int>> combinationSum(
    vector<int>&candidates, int target)
{
    vector<vector<int>> result;
    vector<int> solution;
    int sum=0;
    std::sort(candidates.begin(), candidates.end());
    GetCombinations(
        candidates,sum, 0, target, solution, result);
     return result;
}
void GetCombinations(
    vector<int>& candidates,
    int& sum,
    int level,
    int target,
    vector<int>& solution,
    vector<vector<int>>& result)
{
    if(sum > target) return;
    if(sum == target)
    {
        result.push_back(solution);
        return;
    }
    for(int i =level; i< candidates.size(); i++)
    {
        sum+=candidates[i];
        solution.push_back(candidates[i]);
        GetCombinations(
            candidates, sum, i, target, solution, result);
```

```
            solution.pop_back(); // do not miss cleaning the num
              sum-=candidates[i];
        }
}
```

19. 组合求和Ⅱ

给定候选数字的一个集合（C）和一个目标数字（T），找出 C 中的所有的唯一的组合，使得候选数字的加和等于 T。

集合 C 中的每个数字只能够选择 1 次。

注意，所有的数字（包括目标数字）都将是正整数。

一个组合($a1, a2, \cdots, ak$)中的元素必须是非降序排列的（即 $a1 \leqslant a2 \leqslant \cdots \leqslant ak$）。

解决方案集合必须不能包含重复的组合。

例如，给定候选数集合 10,1,2,7,6,1,5 和目标数字 8。

一个解决方案集合如下：

```
[1, 7]
[1, 2, 5]
[2, 6]
[1, 1, 6]
```

【解析】

和上一道题类似，只是做了一个扩展，就是数组中可能存在重复元素，如何避免不必要的计算（引入剪枝条件），是本题的切入点（见粗体所示的代码）。

【代码】

```
vector<vector<int>> combinationSum2(
    vector<int>&num, int target)
{
    vector<vector<int>> result;
    vector<int> solution;
    int sum=0;
    std::sort(num.begin(), num.end());
    GetCombinations(num,sum, 0, target, solution, result);
    return result;
}

void GetCombinations(
    vector<int>& candidates,
    int& sum,
    int level,
    int target,
    vector<int>& solution,
    vector<vector<int>>& result)
{
    if(sum > target) return;
    if(sum == target)
    {
        result.push_back(solution);
        return;
    }
    for(int i =level; i< candidates.size(); i++)
    {
        sum+=candidates[i];
        solution.push_back(candidates[i]);
        GetCombinations(
            candidates, sum, i+1, target, solution, result);
        solution.pop_back();
        sum-=candidates[i];
```

```
            while( i<candidates.size()-1
                && candidates[i] == candidates[i+1])
                 i++;
        }
}
```

20. 组合

给定两个整数 n 和 k，返回 1 ... n 中的 k 个数的所有可能的组合。

例如，如果 n=4 且 k=2，一个解决方案如下所示：

```
[
  [2,4],
  [3,4],
  [2,3],
  [1,2],
  [1,3],
  [1,4],
]
```

【解析】

这道题是从另一个方面做扩展。“组合求和”寻找的是元素之和等于某个固定常量的组合数，而此题只是求所有集合元素个数为 k 的组合数。两者不同的地方就在于递归搜索的终止条件（见粗体代码）。

【代码】

```
vector<vector<int>> combine(int n, int k) {
  // Start typing your C/C++ solution below
  // DO NOT write int main() function
  vector<vector<int>> result;
```

```
    vector<int> solution;
    GetCombine(n,k,1, solution, result);
    return result;
  }
  void GetCombine(
     int n,
     int k,
     int level,
     vector<int>& solution,
     vector<vector<int>>& result)
   {
     if(solution.size() == k)
     {
       result.push_back(solution);
       return;
     }
     for(int i =level; i<= n; i++)
     {
       solution.push_back(i);
       GetCombine(n,k,i+1, solution, result);
       solution.pop_back();
     }
   }
```

21. 从前序遍历和中序遍历构造二叉树

给定一个树的前序和中序遍历，构造一个二叉树。

提示：你可以假设树中不存在重复的节点。

【解析】

首先看一个例子，如下图所示。

```
         ________7_______
        /                \
     __10__            ___2
    /      \          /
   4        3      _8
             \    /
              1  11
```

前序遍历和中序遍历的结果如下:

```
preorder = {7,10,4,3,1,2,8,11}
inorder = {4,10,3,1,7,11,8,2}
```

根据前序遍历的定义，很容易知道，第一个节点一定是根节点，根据这一信息，可以把树拆分为两部分：

```
1st round:
preorder:  {7}, {10,4,3,1}, {2,8,11}
inorder:     {4,10,3,1}, {7}, {11, 8,2}
```

因为{7}是根节点，根据中序遍历的定义，我们知道{7}左边的元素一定是左子树的节点，而{7}右边的元素一定是右子树的节点，如下图所示。

```
         ________7_______
        /                \
    {4,10,3,1}        {11,8,2}
```

同样，可以按照相同的思路继续划分左右子树：

```
2nd round
left part                                                right part
preorder: {10}, {4}, {3,1}                               {2}, {8,11}
inorder:  {4}, {10},                                     {11,8}, {2}
```

同理，根据前序遍历的定义，{10}是左子树的根节点，而{2}是右子树的根节点。

```
        ________7_______
       /                \
    __10__            ___2
   /      \          /
  4      {3,1}   {11,8}
```

同理，递归的处理剩下的元素集合是 {3,1} 和 {11,8}，这样就可以获得完整的二叉树了。

```
        ________7_______
       /                \
    __10__            ___2
   /      \          /
  4        3       _8
            \     /
             1   11
```

【代码】

```
TreeNode *buildTree(
     vector<int>&preorder,
     vector<int>&inorder)
{
     return BuildTreePI( preorder, inorder,
          0, preorder.size()-1, 0, preorder.size());
}
TreeNode* BuildTreePI(
     vector<int>&preorder,
     vector<int>&inorder,
     int p_s, int p_e,
     int i_s, int i_e)
{
     if(p_s > p_e)
```

```
            return NULL;
        int pivot = preorder[i_s];
        int i =p_s;
        for(;i< p_e; i++)
        {
            if(inorder[i] == pivot)
                break;
        }
        TreeNode* node = new TreeNode(pivot);
        node->left = BuildTreePI(preorder, inorder,
            p_s, i-1, i_s+1, i-p_s+i_s);
        node->right = BuildTreePI(preorder, inorder,
           i+1, p_e, i-p_s+i_s+1, i_e);
        return node;
    }
```

22. 能装最多的水的容器

给定 n 个非负的整数 $a_1, a_2, ..., a_n$，其中，每个整数表示坐标为(i, a_i)的一个点。从(i, a_i)到$(i, 0)$的两点之间，绘制线段 i，从而绘制出 n 条垂直的线段。找到两条线段，它们和 x 轴一起形成一个容器，这个容器所能装的水最多。

注意，不能倾斜该容器。

【解析】

这是很有意思的一道题目，思考起来很费劲，但是一旦找到了突破点，一切就很好理解了。

关键的思路在于：对于任意的容器，它的容积取决于最短的那个板子。

思路转过来了吗？解法其实很简单。用双指针从首尾往中间扫描数组。扫描过程中，只移动短板端的指针。因为容器的容积取决于短板，只有在改变短板的时候才有可能产生新的最大值。

【代码】

```
int maxArea(vector<int>&height) {
  // Start typing your C/C++ solution below
  // DO NOT write int main() function
  int start =0;
  int end = height.size()-1;
  int maxV = INT_MIN;
  while(start<end)
  {
      int contain = min(height[end], height[start]) * (end-start);
      maxV = max(maxV, contain);
      if(height[start]<= height[end])
      {
        start++;
      }
      else
      {
        end--;
      }
  }
  return maxV;
}
```

23. 把排序的数组转换为二叉树

给定一个数组，其元素是按照升序排序的，将其转换为一个高度平衡二叉树。

【解析】

这一题可以从上往下进行重构，即

1. 以数组中间的元素作为根节点。

2. 中间元素左边的所有元素为左子树节点。

3. 中间元素右边的所有元素为右子树节点。

4. 递归地执行步骤 1～步骤 3。

【代码】

```
TreeNode *sortedArrayToBST(vector<int>&num) {
    return BuildTree(num, 0, num.size()-1);
}
TreeNode *BuildTree(vector<int>&num, int start, int end)
{
    if(start>end) return NULL;
    if(start == end) return new TreeNode(num[start]);
    int mid = (start+end)/2;
    TreeNode *node = new TreeNode(num[mid]);
    node->left = BuildTree(num, start, mid-1);
    node->right = BuildTree(num, mid+1, end);
    return node;
}
```

24. 将排序的链表转换为二叉树

给定一个单向链表，其中的元素都按照升序排序的，将其转换为一个高度平衡 BST。

【解析】

这一题与第 23 题“把排序的数组转换为二叉树”类似，但是链表的访问方式和数组不同。

自上往下的构建树意味着先构建根节点，然后再构建其左右子节点。因为数组是顺序存储的，所以二叉搜索树的遍历数组可以在 $O(1)$的时间内通过下标操作找到根节点及其左右子节点。按照自上往下的方式来重构树是合理的。

而链表对于元素的访问，则需要通过遍历的方式来获得，除非遍历整个链表，否则无法知道中间元素是哪一个。所以，对于链表，需要转换思路，通过自下往上的方式来重构树：

1. 获取当前链表的长度。

2. 中序遍历树，在遍历的过程中创建节点。

自下往上的好处是，把链表作为树的中序遍历的结果，反向地重构树，这样就不需要寻找中间节点了。

【代码】

```
TreeNode *sortedListToBST(ListNode *head) {
    int len =0;
    ListNode *p = head;
    while(p)
    {
        len++;
        p = p->next;
    }
    return BuildBST(head, 0, len-1);
}
```

```
TreeNode* BuildBST(ListNode*& list, int start, int end)
{
    if (start > end) return NULL;
    int mid = (start+end)/2;
    TreeNode *leftChild = BuildBST(list, start, mid-1);
    TreeNode *parent = new TreeNode(list->val);
    parent->left = leftChild;
    list = list->next;
    parent->right = BuildBST(list, mid+1, end);
    return parent;
}

```

25. 复制带有随机指针的链表

给定一个链表，其中每个节点包含一个额外的随机指针，它可以指向链表中的任何节点或者为空。

返回该链表的一个深拷贝。

【解析】

这道题属于比较繁琐的题目。不仅仅需要拷贝所有的节点，还需要保持节点间的随机连接的关系。

基本上需要分 3 步来做：

1. 插入拷贝节点。遍历链表，对于每一个节点 N，生成一个复制节点 N′，然后插入到 N 后面。

2. 复制随机指针。再次遍历链表，对于每个节点 N，生成一个随机指针在 N′上，然后复制指针对象，比如 N 的随机指针指向 M，那么 N′的随机指针指向 M′。

3．将链表拆分成两个子链表，分别包含原始节点和复制节点。

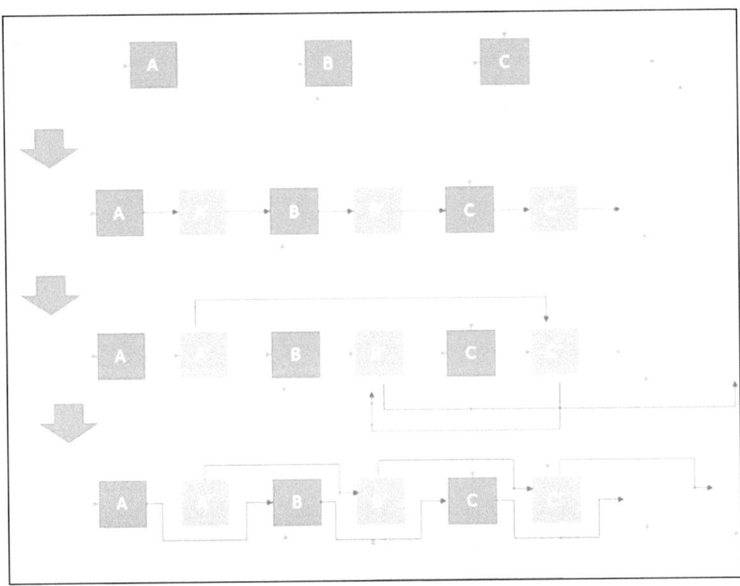

【代码】

```
RandomListNode *copyRandomList(RandomListNode *head) {
    //insert nodes
    RandomListNode * cur = head;
    while(cur!=NULL)
    {
        RandomListNode* temp = new RandomListNode(cur->label);
        temp->next = cur->next;
        cur->next = temp;
        cur = temp->next;
     }
     // copy random pointer
     cur = head;
     while(cur != NULL)
```

```
        {
            RandomListNode* temp = cur->next;
            if(cur->random != NULL)
                temp->random = cur->random->next;
            cur = temp->next;
        }
        //decouple two links
        cur = head;
        RandomListNode* dup = head == NULL? NULL:head->next;
        while(cur != NULL)
        {
            RandomListNode* temp = cur->next;
            cur->next = temp->next;
            if(temp->next!=NULL)
                temp->next = temp->next->next;
            cur = cur->next;
        }
        return dup;
}
```

26. 数数并读出

所谓“数数并读出”的序列，是如下开始的一个整数的序列：1, 11, 21, 1211, 111221, ...

1 读作“一个 1”，或者 11（由此确定了序列的第 2 个数）。

11 读作“两个 1”，或者 21（由此确定了序列的第 3 个数）。

21 读作“一个 2，然后一个 1”，或 1211（由此确定了序列的第 4 个数）。

序列中的每一个数都是前一个数的读法的表示。

给定一个整数 n，生成第 n 个序列。

注意，整数的这个序列将表示为一个字符串。

【解析】

本题主要考察字符串处理。注意代码第 9 行粗体部分，seq[seq.size()]（即字符串结尾符）是'\0'，这里用<=可以省去一个判断最后一位元素的 if 语句。

【代码】

```
1:   string countAndSay(int n) {
2:     string seq = "1";
3:     int it = 1;
4:     while(it<n)
5:     {
6:       stringstream newSeq;
7:       char last = seq[0];
8:       int count =0;
9:       for(int i =0; i<=seq.size();i++)
10:      {
11:        if(seq[i] ==last)
12:        {
13:          count ++;
14:          continue;
15:        }
16:        else
17:        {
18:          newSeq<<count<<last;
19:          last = seq[i];
20:          count =1;
21:        }
22:      }
23:      seq = newSeq.str();
24:      it++;
25:    }
26:    return seq;
27:  }
```

27. 解码方法

包含了字母 A～Z 的一条消息，将使用如下的映射来编码成数字：

```
'A' -> 1
'B' -> 2
...
'Z' -> 26
```

给定一条编码的消息，其中包含了数字，确定解码它的方法的总的数目。

例如，给定编码的消息 "12"，它将会解码为 "AB" (1 2)或 "L" (12)。

解码"12"的方法共有 2 种。

【解析】

这一题和第 16 题“爬楼梯”类似，也是动态规划，不过递推方程式略有不同。

假设 count[i]为字符串长度为 i 时的解码方法数目。

```
Count[i] = Count[i-1] if S[i-1] is a valid char
       or  = Count[i-1]+ Count[i-2] if S[i-1] and S[i-2] together
is still a valid char.
```

【代码】

```
int numDecodings(string s) {
  if(s.empty() || s[0] =='0') return 0;
  if(s.size() ==1) return check(s[0]);
  int fn=0, fn_1=0, fn_2=1;
  fn_1 = (check(s[0]) * check(s[1]))+check(s[0], s[1]);
```

```
    for(int i=2; i< s.size(); i++)
    {
      if(check(s[i])) fn+= fn_1;
      if(check(s[i-1], s[i])) fn+=fn_2;
      if(fn ==0)
        return 0;
      fn_2 = fn_1;
      fn_1 = fn;
      fn=0;
    }
    return fn_1;
  }
  int check(char one)
  {
    return (one != '0') ? 1 : 0;
  }
  int check(char one, char two)
  {
    return (one == '1' || (one == '2' && two <= '6'))? 1 : 0;
  }
```

28. 不同子序列

给定一个字符串 S 和字符串 T，计算 S 中的 T 的不同子序列的数目。

一个字符串的子序列，是从最初的字符串中删除某些字符（可能是不删除）而形成的一个新字符串，但这不会影响到剩余字符的相对位置（例如，"ACE" 是 "ABCDE"的一个子序列，而"AEC"则不是）。

如下是一个示例：

```
S = "rabbbit", T = "rabbit"
```

返回 3。

【解析】

还是一道动态规划的题。对于所有的动态规划的题目，最重要的是想清楚递归方程式。这道题分析起来并不复杂。可以这样想，设母串的长度为 j，子串的长度为 i，我们要求的就是长度为 i 的子串在长度为 j 的母串中出现的次数，设为 t[i][j]。若母串的最后一个字符与子串的最后一个字符不同，则长度为 i 的子串在长度为 j 的母串中出现的次数就是母串的前 j - 1 个字符中子串出现的次数，即 t[i][j] = t[i][j - 1]。若母串的最后一个字符与子串的最后一个字符相同，那么除了前 j - 1 个字符出现的次数外，还要加上子串的前 i - 1 个字符在母串的前 j - 1 个字符中出现的次数，即 t[i][j] = t[i][j - 1] + t[i - 1][j - 1]。

所以，递推方程式如下:

```
t[i][j]   = t[i][j-1]          if T[i] != S[j]
        or  = t[i][j-1] + t[i-1][j-1]          if T[i] == S[j]
```

实现上可以用二维数组。但是一般来说，都是用一维滚动数组以节省空间。

【代码】

```
int numDistinct(string S, string T) {
    // Start typing your C/C++ solution below
    // DO NOT write int main() function
    int match[200];
    if(S.size() < T.size()) return 0;
    match[0] = 1;
    for(int i=1; i <= T.size(); i++)
      match[i] = 0;
    for(int i=1; i<= S.size(); i ++)
       for(int j =T.size(); j>=1; j--)
         if(S[i-1] == T[j-1])
```

```
        match[j]+= match[j-1];
    return match[T.size()];
}
```

29. 两个整数相除

将两个整数相除，但不要使用乘法运算符，可以使用除法和模除运算符。

【解析】

如果可以用乘法的话，二分法倒是不错的解法。但是由于题目只允许使用除法和模除，只能通过位操作来模拟除法。基本思想就是：

1. 把除数向左移位（×2）然后与被除数比较，直到发现仅次于被除数的那个值。

2. 用被除数减去该值后，作为新的被除数。

3. 继续第 1 步和第 2 步，直到被除数为 0。

【代码】

```
int divide(int dividend, int divisor) {
    // Start typing your C/C++ solution below
    // DO NOT write int main() function
    int sign = 1;
    if(dividend ==0) return 0;
    if(dividend <0) sign*=-1;
    if(divisor <0) sign *=-1;
    unsigned int dvd = dividend >0? dividend: -dividend;
    unsigned int dvs = divisor >0? divisor: -divisor;//abs(divisor);
    unsigned int inc[32];
    unsigned int migValue = dvs;
```

```
    int i =0;
    while(migValue > 0 && migValue <= dvd)
    {
      inc[i] = migValue;
      migValue = migValue <<1;
      i++;
    }
    i--;
    unsigned int res = 0;
    while(i>=0 && dvd!=0)
    {
      if(dvd >= inc[i])
      {
        dvd = dvd - inc[i];
        res += 1<<i;
      }
      i--;
    }
    res*= sign;
    return res;
  }
```

30. 编辑距离

给定两个单词 word1 和 word2，找出从 word1 转换为 word2 所需的最小步骤（每次操作都作为 1 步）。

在每个单词上，允许进行如下 3 种操作：

a）插入一个字符。

b）删除一个字符。

c）替换一个字符。

【解析】

刚看到这道题的时候，可能会想到的是求最大公共子串，然后用最长字符串的长度减去最大公共子串长度。但是最长子串并没有考虑到子串的差异，比如 A= “ab”，B= “bc”，最大子串为“b”，长度为 1。但是如果把 A 转成 B，需要 2 步——减 a 加 c。

解法仍然是二维 DP。如果是求最长子串，方程是：

```
d[i][j] = d[i-1][j-1] +1 if (A[i] == B[j])
    or = max(d[i][j-1], d[i-1][j]);
```

初始条件：d[0][j] = 0, d[i][0] = 0

但对于编辑距离的话，假设 dp(i,j)为计算 A(i)到 B(j)之间的编辑距离，此时，设 A(i)的值是 somestr1c；B(i)的值是 somestr2d：

- 将 somestr1 变成 somestr2 的编辑距离已知是 dp(i-1,j-1)。
- 将 somestr1c 变成 somestr2 的编辑距离已知是 dp(i,j-1)。
- 将 somestr1 变成 somestr2d 的编辑距离已知是 dp(i-1,j)。

那么利用这 3 个变量，就可以递推出 dp(i,j)了。

- 如果 c==d，显然编辑距离和 d(i-1,j-1)是一样的。
- 如果 c!=d，情况稍微复杂一点。
    - 如果将 c 替换成 d，编辑距离是 somestr1 变成 somestr2 的编辑距离 + 1，也就是 d(i-1,j-1) + 1。
    - 如果在 c 后面添加一个字 d，编辑距离就应该是 somestr1c 变成

somestr2 的编辑距离 + 1，也就是 d(i,j-1) + 1。

○ 如果将 c 删除了，那就是要将 somestr1 编辑成 somestr2d，距离就是 d(i-1,j)+1。

最后，只需要看着 3 种值谁最小，就采用对应的编辑方案了。

递推公式出来了：

```
dp[i][j] = dp[i-1][j-1] if (A[i] == B[j])
          or = min(dp[i][j-1], dp[i-1][j],
dp[i-1][j-1]) +1;if A[i] != B[j]
        or =   j  if i ==0
        or =   i  if j ==0
```

注意，实现的代码并没有用二维数组，而是采用滚动数组以节省空间。

【代码】

```
int minDistance(string word1, string word2) {
    int * matchUp = new int[20000];
    int* matchDown = new int[20000];
    for(int i=0; i<= smallStr.size(); i++)
    {
        matchUp[i] = 0;
        matchDown[i] = i;
    }
    for(int i=1; i<=word1.size(); i++)
    {
        matchUp[0] = i;
        for(int j= 1; j<=word2.size(); j++)
        {
            if(word1[i-1] == word2[j-1])
            {
                matchUp[j] = matchDown[j-1];
```

```
            }
            else
            {
                matchUp[j] = min(matchDown[j], matchDown[j-1]);
                matchUp[j] = min(matchUp[j], matchUp[j-1]) +1;
             }
        }
        int* temp = matchUp;
        matchUp = matchDown;
        matchDown = temp;
    }
    return matchDown[word2.size()];
}
```

31. 计算逆波兰式

计算逆波兰式表示法的一个算数表达式的值。有效的操作符是+、-、*和/。每个操作符可以是一个整数或一个表达式。

一些示例如下：

```
["2", "1", "+", "3", "*"] -> ((2 + 1) * 3) -> 9
["4", "13", "5", "/", "+"]->(4 + (13 / 5))-> 6
```

【解析】

对于逆波兰式，一般都是用栈来处理，依次处理字符串。

○ 如果是数值，则 push 到栈里面。

○ 如果是操作符，则从栈中 pop 出来两个元素，计算出值以后，再 push 到栈里面。

则最后栈里面剩下的元素即为所求。

【代码】

```
int evalRPN(vector<string>&tokens) {
  stack<int> operand;
  for(int i =0; i< tokens.size(); i++)
  {
    if ((tokens[i][0] == '-' && tokens[i].size()>1)
      || (tokens[i][0] >= '0' && tokens[i][0] <= '9'))
    {
      operand.push(atoi(tokens[i].c_str()));
      continue;
    }
    int op1 = operand.top();
    operand.pop();
    int op2 = operand.top();
    operand.pop();
    if(tokens[i] == "+") operand.push(op2+op1);
    if(tokens[i] == "-") operand.push(op2-op1);
    if(tokens[i] == "*") operand.push(op2*op1);
    if(tokens[i] == "/") operand.push(op2/op1);
  }
  return operand.top();
}
```

32. 第 1 个非正整数

给定一个未排序的整数数组，找出第 1 个非正整数的位置。

例如，给定 [1,2,0]，返回 2；给定[3,4,-1,1]，返回 2。

你的算法应该按照 $O(n)$的时间复杂度运行，并且具有常数级的空间复杂度。

【解析】

如果我们有一个无限长的数组 C 可用的话，直接用计数排序就可以了。从左往右扫描数组 A，对于任意元素 A[i]，设置 C[A[i]] =1。那么当数组 A 扫描完毕以后，再从左往右扫描数组 C，第一个值为 0 的下标即为所求。

但是很遗憾，只有常数级空间可以使用。那么在这种情况下，只能通过复用数组 A 来进行计数排序。

从左往右扫描 A，对于每一个元素 A[i]，如果 A[i]!= i，不断将 A[i]与 A[A[i]]循环交换，直到无法交换位置，即终止条件是 A[i]== A[A[i]]。扫描完毕后，剩下的就是一个基本有序的数组。

再重新从左往右扫描一遍 A，第一个无法满足 A[i] == i 的元素即为所求。

【代码】

题目说清楚了，很简单，但是实现起来还是有些细节比较繁琐。首先，不能按照 A[i] = i 来存储，因为题目要求寻找正数，如果 A[0]用来存储 0 的话，会影响数据处理。比如当 A = {1}的时候，如果 A[0] = 0 的话，根本没地方存 1 的值了。所以正确的存储方式应该是 A[i]= i+1。

但是由此带来的问题是，代码第 7、9、11、12、16 和 17 行都需要更改，以反映出这种映射。

还有一点容易遗忘的就是代码第 18 行，如果当前数组找不到目标值的话，那么目标值就应该是 n+1。这个容易漏了。

```
int firstMissingPositive(int A[], int n) {
  // Start typing your C/C++ solution below
  // DO NOT write int main() function
  int i =0;
  for(int i =0; i< n; i++)
  {
    while(A[i] != i+1)
    {
      if(A[i] <= 0 || A[i] >n || A[i] == A[A[i] -1]) break;
       int temp = A[i];
       A[i] = A[temp-1];
       A[temp-1] = temp;
     }
   }
   for(int i =0; i< n; i++)
    if(A[i]!=i+1)
     return i+1;
   return n+1;
}
```

33. 将二叉树扁平化为链表

给定一个二叉树，将其就地扁平化为一个链表。

例如，给定了

```
      1
     / \
    2   5
   / \   \
  3   4   6
```

扁平化后的树应该如下所示：

```
1
 \
  2
   \
    3
     \
      4
       \
        5
         \
          6
```

【解析】

递归解法。对于任一节点 K，

1. 将左树扁平化为链表 A。

2. 将节点 K 插入左树最左边，成为新的头节点。

3. 将右树扁平化为链表 B，将 B 添加到 A 的尾部。

【代码】

```
void flatten(TreeNode *root) {
    if(root == NULL) return;
    TreeNode* right = root->right;
    if(lastVisitedNode != NULL)
    {
        lastVisitedNode->left = NULL;
        lastVisitedNode->right = root;
    }
    lastVisitedNode = root;
    flatten(root->left);
    flatten(right);
}
```

【扩展】

如果要求以中序的方式来将树扁平化，如何解决？

上面基于前序的递归思路是比较简单的，因为任意根节点，都是扁平化的链表的头结点。如果舍弃前序，而采用中序的方式，那么就需要额外的指针变量来指向新的头结点和尾节点，比如下面的树。

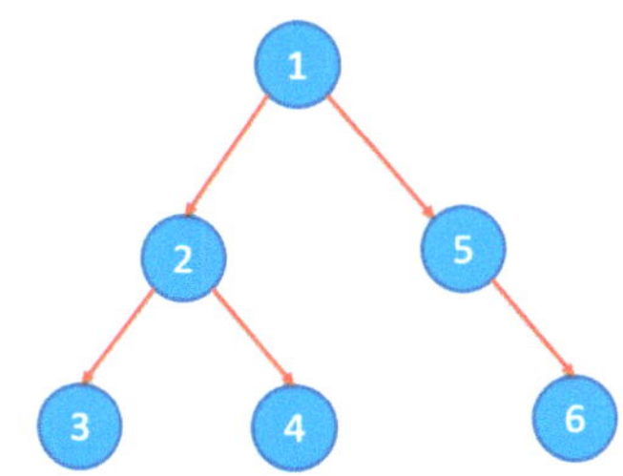

一个完整的中序扁平化的思路就如下图所示。这里为了避免引入新的变量，用树节点的左指针来指向链表的头节点，右指针指向尾节点。

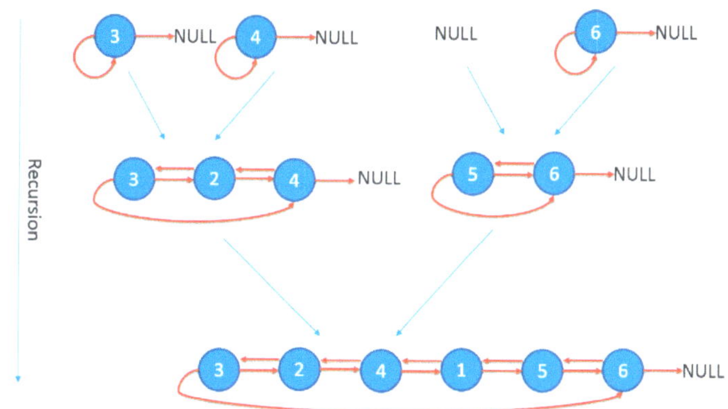


```
TreeNode* flatten(TreeNode *root) {
    if (root == NULL) return NULL;
    TreeNode* rightTree = root->right;
    TreeNode* newHead = root;
    TreeNode* leftList = flatten(root->left);
    if (leftList != NULL)
```

```
    {
        newHead = leftList;
        TreeNode* tail = leftList->left;
        tail->right = root;
        root->left = tail;
        leftList->left = root;
    }
    TreeNode* rightList = flatten(rightTree);
    if (rightList != NULL)
    {
        root->right = rightList;
        newHead->left = rightList->left;
        rightList->left = root;
    }
    return newHead;
}
```

34. 加油站

在一条环形路径上，有 N 个加油站，其中，第 i 个加油站的油量为 gas[i]。你开着一辆车，其油箱的容量是有限的，并且从加油站 i 到下一个加油站(i+1)的油耗为 cost[i]。你最初从某一个加油站出发的时候，油箱是空的。

如果能够遍历环形路径一次，返回开始的加油站的索引，如果不能，返回-1。

注意，要保证解决方案是唯一的。

【解析】

这是一道很精巧的题目。最直白的解法就是从每一个点开始，遍历整个环，然后找出最后剩余油量最大的点。这个是 O(n^2)的解法。然而，显然本题不是编写一个两层循环那么简单。

仔细想一下，其实和以前求最大连续子数组和的题目很像。在任何一个节点，其实我们只关心油的损耗，定义：

```
diff[i] = gas[i]-cost[i] 0<=i <n
```

那么这道题包含两个问题：

1. 能否在环上绕一圈？

2. 如果能，这个起点在哪里？

第一个问题，很简单，对 diff 数组做个加和就好了，leftGas = ∑diff[i]，如果最后 leftGas 是正值，那么肯定存在这么一个起始点。如果是负值，那说明，油的损耗大于油的供给，不可能有解。得到第一个问题的答案只需要 $O(n)$。

对于第二个问题，起点在哪里？假设我们从环上取一个区间[i, j], j>i，然后对于这个区间的 diff 加和，定义

```
sum[i,j] = ∑diff[k] where i<=k<j
```

如果 sum[i,j]小于 0，那么这个起点肯定不会在[*i,j*]这个区间里，跟第一个问题的原理一样。举个例子，假设 *i* 是[0,n]的解，那么我们知道任意 sum[k,i-1] (0<=*k*<*i*-1) 肯定是小于 0 的，否则解就应该是 *k*。同理，sum[i,n]一定是大于 0 的，否则，解就不应该是 *i*，而是 *i* 和 *n* 之间的某个点。所以第 2 题的答案，其实就是在 0 到 *n* 之间，找到大于 0 的第一个连续子序列（这个子序列的结尾必然是 *n*）。

至此，两个问题都可以在一个循环中解决。

【代码】

```
int canCompleteCircuit(vector<int>&gas, vector<int>&cost) {
    vector<int> diff(gas.size());
```

```
    for(int i =0; i< gas.size(); ++i)
    {
        diff[i] = gas[i] - cost[i];
    }
    int leftGas=0, sum =0, startnode=0;
    for(int i =0; i<gas.size(); ++i)
    {
        leftGas += diff[i];
        sum += diff[i];
        if(sum <0) //if less than 0, skip it
        {
            startnode = i+1;
            sum=0;
        }
    }
    if(leftGas <0)
        return -1;
    else
        return startnode;
}
```

35. 生成括号

给定 n 对括号，编写一个函数来生成良好定义的括号的所有组合。

例如，给定 n=3，解决方案的一个集合如下所示：

```
"((()))", "(()())", "(())()", "()(())", "()()()"
```

【解析】

典型的递归。一步步递归地构造字符串。当左括号出现次数<n 时，就可以放置新的左括号。当右括号出现次数小于左括号出现次数时，就可以放置新的

右括号。

【代码】

```
void CombinationPar(vector<string>& result, string& sample,
    int deep, int n, int leftNum, int rightNum)
{
    if(deep == 2*n)
    {
        result.push_back(sample);
        return;
    }
    if(leftNum<n)
    {
        sample.push_back('(');
        CombinationPar(
            result, sample, deep+1, n, leftNum+1, rightNum);
        sample.resize(sample.size()-1);
    }
    if(rightNum<leftNum)
    {
        sample.push_back(')');
        CombinationPar(
            result, sample, deep+1, n, leftNum, rightNum+1);
        sample.resize(sample.size()-1);
    }
}

vector<string> generateParenthesis(int n) {
    vector<string> result;
    string sample;
    if(n!= 0)
        CombinationPar(result, sample, 0, n, 0, 0);
    return result;
}
```

36. 格雷码

格雷码是一种二进制数字系统，其中，两个连续的数值中，只有 1 位是不同的。

给定一个非负的整数 n，表示代码中的总的位数，打印出格雷码的序列。一个格雷码序列必须从 0 开始。

例如，给定了 $n = 2$，返回[0,1,3,2]。其格雷码序列为：

```
00 - 0
01 - 1
11 - 3
10 - 2
```

注意，对于给定的 n，一个格雷码序列并不是唯一定义的。例如，根据上面的定义， [0,2,3,1] 也是一个有效的格雷码序列。

但是目前，只能够根据格雷码序列的一个实例来进行判断。

【解析】

首先看个例子，当 n=3 时

```
000
001
011
010
110
111
101
100
```

看出粗体所示部分的规律了吗？$n=k$ 时的格雷码，相当于 $n=k-1$ 时的格雷码的逆序加上 1<<k。

【代码】

```
vector<int> grayCode(int n) {
    // Start typing your C/C++ solution below
    // DO NOT write int main() function
    vector<int> result;
    result.push_back(0);
    for(int i=0; i< n; i++)
    {
      int highestBit = 1<<i;
      int len = result.size();
       for(int i = len-1; i>=0; i--)
       {
         result.push_back(highestBit + result[i]);
       }
     }
     return result;
  }
```

格雷码是行业中使用的一种成熟的编码协议，并且是一种数学解决方案。

```
vector<int> grayCode(int n)
  {
    vector<int> ret;
    int size = 1 << n;
    for(int i = 0; i < size; ++i)
      ret.push_back((i >> 1)^i);
    return ret;
  }
```

37. 实现 strStr()

返回 haystack 中第一次出现 needle 的位置的一个指针，或者，如果在

haystack 中没有找到 needle 的话，返回 null。

【解析】

这道题有两种解法。第一种是对于字符串按位比较，时间复杂度是 $O(n^2)$，如代码示例 1。另一种是用 KMP 的思路来做，但是 KMP 需要对数组进行预处理，见代码示例 2。

【代码】

示例 1

```
char *strStr(char *haystack, char *needle) {
  // Start typing your C/C++ solution below
  // DO NOT write int main() function
  if(haystack == NULL || needle == NULL)
    return NULL;
  int hLen = strlen(haystack);
  int nLen = strlen(needle);
  if(hLen<nLen)
  return NULL;
 for(int i=0; i<hLen - nLen+1; i++)
 {
   int j=0;
     char* p = &haystack[i];
     for(; j< nLen; j++)
     {
       if(*p != needle[j])
        break;
       p++;
     }
     if(j == nLen)
       return &haystack[i];
   }
```

```
    return NULL;
}
```

但是，实现 strStr()的最有效率的方式，是使用 KMP 算法。如果不熟悉 KMP，请自行在 Web 上搜索。

示例 2

```
char *strStr(char *haystack, char *needle) {
    if(haystack == NULL || needle == NULL) return NULL;
    int hlen = strlen(haystack);
    int nlen = strlen(needle);
    if(nlen ==0) return haystack;
    if(hlen == 0 ) return NULL;
    int pattern[100000];
    GeneratePattern(needle, nlen, pattern);
    return Match(haystack, needle, pattern);
}

void GeneratePattern(char* str, int len, int* pattern)
{
    pattern[0] = -1;
    int k =-1;
    for(int j =1; j< len; j++)
    {
        while(k >-1 && str[k+1] != str[j])
            k = pattern[k];
        if(str[k+1] == str[j])
            k++;
        pattern[j] = k;
    }
}

char* Match(char* haystack, char* needle, int* pattern)
{
```

```
    int hlen = strlen(haystack);
    int nlen = strlen(needle);
    int k =-1;
    for(int j =0; j< hlen; j++, haystack++)
    {
        while(k >-1 && needle[k+1] != *haystack)
            k = pattern[k];
        if(needle[k+1] == *haystack)
            k++;
        if(k == nlen-1)
            return haystack-k;
    }
    return NULL;
}
```

38. 插入间隔

给定非重叠的间隔的一个集合，将新的间隔插入到这些间隔之中（如果必要的话，进行合并）。

你可以假设间隔最初是根据其开始时间排序的。

示例：

给定间隔 [1,3],[6,9]，插入并合并 [2,5]，得到 [1,5],[6,9]。

给定[1,2],[3,5],[6,7],[8,10],[12,16]，插入并合并 [4,9]，得到[1,2],[3,10],[12,16]。

这是因为新的间隔 [4,9]，和[3,5],[6,7],[8,10]重叠了。

【解析】

这是一道比较简单的实现题。遍历已有 interval 集合，如果当前 interval 小于 newinterval，插入当前 interval；如果当前 interval 大于 newInterval，则插入 newInterval 及当前；如果两者重叠，合并以后作为新的 interval 插入。

可以重新 new 一个 vector 来存放结果，以避免破坏传入参数。

如果在原有的 vector 上面直接修改的话，唯一的区别就是，一旦发现当前 interval 大于 newInterval，就应该返回了。

【代码】

```
vector<Interval> insert(
    vector<Interval>&intervals, Interval newInterval)
{
    vector<Interval>::iterator it = intervals.begin();
    while(it!= intervals.end())
    {
        if(newInterval.end < it->start)
        {
            intervals.insert(it, newInterval);
             return intervals;
        }
        else if(newInterval.start > it->end)
        {
            it++;
            continue;
        }
        else
        {
            newInterval.start =
                min(newInterval.start, it->start);
            newInterval.end =
                max(newInterval.end, it->end);
            it =intervals.erase(it);
        }
```

```
    }
    intervals.insert(intervals.end(), newInterval);
    return intervals;
}
```

【扩展】

添加了一个附属条件，这些 interval 是在一个圆环上，如何解决？

例如，当环是[1, 255]时，如果两个 interval 分别是[1,234], [222, 4], 合并的最后的结果是[1,4]。

这个条件完全是一个干扰，因为如果真的在逻辑中考虑环的话，非常麻烦，而且在环上做循环合并的话，无法判断何时该终止循环。转换一下思路就简单了，如果第一个 interval 是跨越 0 点的话（如[234,7]），把它拆分成两个 interval（[234, 255],[1,7]），然后把[1,7]插到队头，[234,255]插到队尾。从[1,7]开始往后合并，合并完成后，再检查队头和队尾，需要的话，再合并一次即可。

39. 整数转换为罗马数字

给定一个整数，将其转换为一个罗马数字。输入要保证在 1 到 3999 的范围之内。

【解析】

这道题主要就在于如何处理每一位数位（digit），并且按照区间不同处理：

- 1<=digit <=3

- digit =4
- digit = 5
- 5<digit<=8
- digit =9

【代码】

```
string intToRoman(int num) {
    char symbol[7] = { 'I','V','X', 'L','C', 'D','M'};
    string roman;
    int scale = 1000;
    for(int i =6; i>=0; i-=2)
    {
        int digit = num/scale;
        if(digit != 0)
        {
            if(digit <= 3)
            {
                roman.append(digit, symbol[i]);
            }
            else if(digit ==4)
            {
                roman.append(1, symbol[i]);
                roman.append(1, symbol[i+1]);
            }
            else if(digit ==5)
            {
                roman.append(1, symbol[i+1]);
            }
            else if(digit <=8)
            {
                roman.append(1, symbol[i+1]);
```

```
                roman.append(digit-5, symbol[i]);
            }
            else if(digit ==9)
            {
                roman.append(1, symbol[i]);
                roman.append(1, symbol[i+2]);
            }
        }
        num = num%scale;
        scale/=10;
    }
    return roman;
}
```

40. 插值字符串

给定 *s*1、*s*2 和 *s*3，判断 *s*3 是否是通过对 *s*1 和 *s*2 插值而形成的。

例如，给定

```
s1 = "aabcc"
s2 = "dbbca"
```

当 *s3* = "aadbbcbcac"，返回 ture。

当 *s3* = "aadbbbaccc"，返回 false。

【解析】

合并排序可以解决吗？

```
bool isInterleave(string s1, string s2, string s3) {
    if(s3.size() != (s1.size() + s2.size()))
    {
```

```
            return false;
        }
        int i =0, j= 0, k=0;
        while(i< s1.size() && j< s2.size())
        {
            if(s1[i] == s3[k])
            {
                i ++;
            }
            else if(s2[j] == s3[k])
            {
                j++;
            }
            else
            {
                return false;
            }
            k++;
        }
        while(i< s1.size())
        {
            if(s1[i] == s3[k])
            {
                i++;k++;
            }
            else
            {
                return false;
            }
        }
        while(j<s2.size())
        {
            if(s2[j] == s3[k])
            {
                j++;k++;
            }
            else
            {
```

```
                return false;
            }
        }
        return true;
    }

```

但是合并排序没法考虑两个字符串的组合顺序问题。当处理{"C","CA","CAC"}的时候，就不行了。

所以，还是要用 DP 来解决，定义 *S*1，*S*2，*S*3 如下：

```
s1 = a1, a2 ........a(i-1), ai
s2 = b1, b2, .......b(j-1), bj
s3 = c1, c3, .......c(i+j-1), c(i+j)
```

定义 match[i][j]为，*S*1 的(0, i)和 *S*2 的(0,j)，匹配于 *S*3 的(i+j)

如果 ai == c(i+j), 那么 match[i][j] = match[i-1][j]，等价于如下字符串是否匹配。

```
s1 = a1, a2 ........a(i-1)
s2 = b1, b2, .......b(j-1), bj
s3 = c1, c3, .......c(i+j-1)
```

同理，如果 bj = c(i+j), 那么 match[i][j] = match[i][j-1];

所以，递推方程如下:

```
Match[i][j]
   =   (s3.lastChar == s1.lastChar) && Match[i-1][j]
     ||(s3.lastChar == s2.lastChar) && Match[i][j-1]
Initial conditions:
   i=0 && j=0, Match[0][0] = true;
   i=0, s3[j] = s2[j], Match[0][j] |= Match[0][j-1]
   s3[j] != s2[j], Match[0][j] = false;
```

```
j=0, s3[i] = s1[i], Match[i][0] |= Match[i-1][0]
     s3[i] != s1[i], Match[i][0] = false;
```

【代码】

```
bool isInterleave(string s1, string s2, string s3) {

    bool *matchUp = new bool[s2.size() +1];
    bool *matchDown = new bool[s2.size()+1];
    if(s3.size() != (s1.size() + s2.size())) return false;
    //initialize
    matchDown[0] = true;
    for(int i =1; i< s2.size() +1; i++)
    {
        if(s2[i-1] == s3[i-1])
            matchDown[i] |= matchDown[i-1];
        else
            matchDown[i]= false;
    }
    matchUp[0] = true;
    for(int i =1; i< s1.size() +1; i++)
    {
        if(s1[i-1] == s3[i-1])
            matchUp[0] |= matchDown[0];
        else
            matchUp[0]= false;
        for(int j =1;j<s2.size() +1; j++)
        {
            matchUp[j]=false;
            if(s1[i-1] == s3[i+j-1])
            {
                matchUp[j] |= matchDown[j];
            }
            if(s2[j-1] == s3[i+j-1])
            {
                matchUp[j] |= matchUp[j-1];
            }
```

```
            }
            bool* temp = matchUp;
            matchUp = matchDown;
            matchDown = temp;
        }
        return matchDown[s2.size()];
    }
```

41. 跳跃游戏

给定非负的整数的一个数组，你最初位于数组的第一个索引处。

数组中的每一个元素表示从该位置可以跳跃的最大的长度。

判断是否能够到达最后一个索引。

例如：

A = [2,3,1,1,4]，返回 true。

A = [3,2,1,0,4]，返回 false。

【解析】

这是一个一维动态规划问题，定义 jump[i]为从 0 走到第 i 步时，剩余的最大步数。那么递推方程可推导为：

```
jump[i] = max(jump[i-1], A[i-1]) -1, i!=0
        = 0 , i==0
```

然后从左往右扫描，当 jump[i]<0 的时候，意味着不可能走到 i 步，所以返回 false; 如果走到最右端，那么返回 true。

【代码】

```
bool canJump(int A[], int n) {
     int* jump = new int[n];
     jump[0] = 0;
     for(int i=1; i < n; i++)
     {
          jump[i] = max(jump[i-1], A[i-1]) -1;
          if(jump[i] <0)
               return false;;
     }
      return jump[n-1] >=0;
}
```

再认真看一下上面的代码。我们真的需要 jump[]数组来记录最大步数吗？其实并不需要，只要有一个变量来记录可以到达的最右边界即可。

```
bool canJump(int A[], int n) {
     int maxCover = 0;
        for(int start =0; start<= maxCover && start<n; start++)
     {
          if(A[start]+start > maxCover)
               maxCover = A[start]+start;
          if(maxCover >= n-1) return true;
     }
     return false;
}
```

42. 跳跃游戏 II

给定非负的整数的一个数组，你最初位于数组的第一个索引处。

数组中的每一个元素表示从该位置可以跳跃的最大的长度。目标是以最小的跳跃次数到达最后一个索引。

例如：

给定 A = [2,3,1,1,4]

到达最后的索引的最小跳跃次数是 2（从索引 0 跳跃 1 步到达索引 1，然后跳跃 3 步到达最后一个索引）。

【解析】

通过两个指针从左往右扫描，维护一个覆盖区间，每扫过一个元素，就重新计算覆盖区间的边界。比如，开始时区间[start, end]，遍历 A 数组的过程中，不断计算 A[i]+i 最大值（即从 i 坐标开始最大的覆盖坐标），并设置这个最大覆盖坐标为新的 end 边界。而新的 start 边界则为原 end+1。不断循环，直到 end>n。

【代码】

```
int jump(int A[], int n) {
     int start = 0;
     int end = 0;
     int count =0;
     if(n == 1) return 0;
     while(end < n)
     {
          int max = 0;
          count++;
          for(int i =start; i<= end ; i++ )
          {
               if(A[i]+i >= n-1)
               {
                    return count;
```

```
                }
                if(A[i]+ i > max)
                    max = A[i]+i;
            }
            start = end+1;
            end = max;
        }
    }
```

43. 柱状图中最大的矩形

给定 n 个非负的整数，表示柱状图中的柱状的高度，其中，每个柱的宽度都是 1，求出柱状图中最大的矩形。

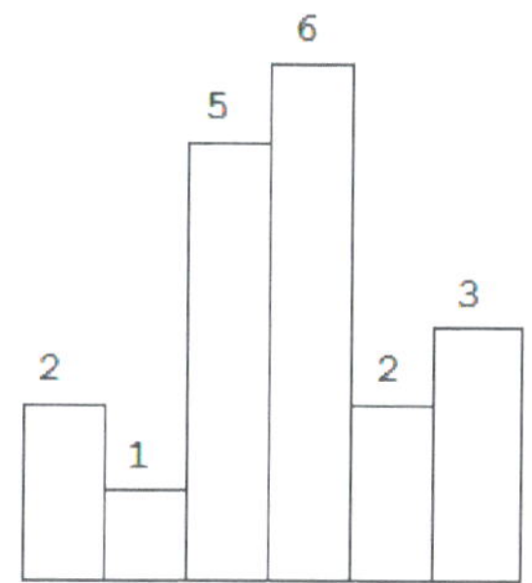

在上面的柱状图中，每个柱的宽度都为 1，给定 height= [2,1,5,6,2,3]。

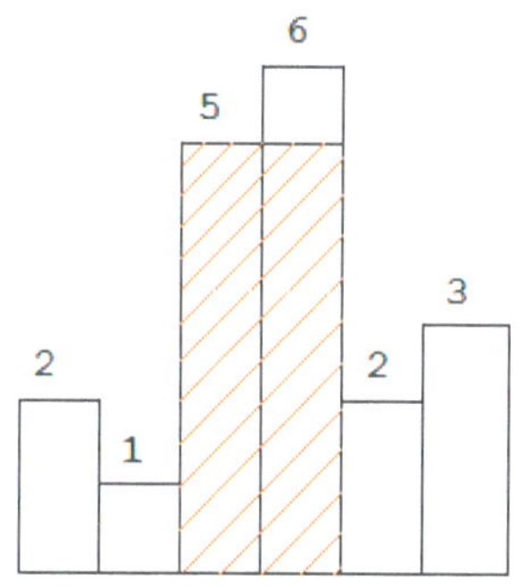

最大的矩形如阴影区域所示，其 area = 10 个单位。

例如，给定 height = [2,1,5,6,2,3]，返回 10。

【解析】

这是非常有意思的一道题目。其最直观的解法是，对于每一个 height，遍历前面所有的 height，求取面积最大值。时间复杂度是 O(*n***n*)

```
int largestRectangleArea(vector<int>&height) {
    int maxV = 0;
    for(int i =0; i< height.size(); i++)
    {
        int minV = height[i];
        for(int j =i; j>=0; j--)
        {
            minV = std::min(minV, height[j]);
            int area = minV*(i-j+1);
             if(area > maxV)
                maxV = area;
         }
     }
     return maxV;
}
```

当 height 数组很小的时候，这么做是可以的。但是当 height 数组很大的时候（超过 1000 个 height 元素），效率就太低了。可以理解，上面的解法包含了很多重复计算。一个简单的改进，是只对合适的右边界（峰顶），往左遍历面积，如下面代码粗体所示的部分：

```
int largestRectangleArea(vector<int>&height) {
    int maxV = 0;
    for(int i =0; i< height.size(); i++)
    {
```

```
        if(i+1 < height.size()  &&
         height[i] <= height[i+1]) // if not peak node, skip it
            continue;
        int minV = height[i];
        for(int j =i; j>=0; j--)
        {
            minV = std::min(minV, height[j]);
            int area = minV*(i-j+1);
            if(area > maxV)
                maxV = area;
        }
    }
    return maxV;
}
```

这样的话，就可以通过大数据。但是这个优化只是比较有效的剪枝，算法的时间复杂度仍然是 O(n*n)。

那么是否有时间复杂度为 O(n)的解法吗？如下图所示，从左到右处理柱状，i=4 时，小于当前栈顶（及直方 3），于是在统计完区间[2,3]的最大值以后，消除掉阴影部分，然后把虚线部分作为一个大柱形插入。因为，无论后面还是前面的直方，都不可能得到比目前栈顶元素更高的高度了。

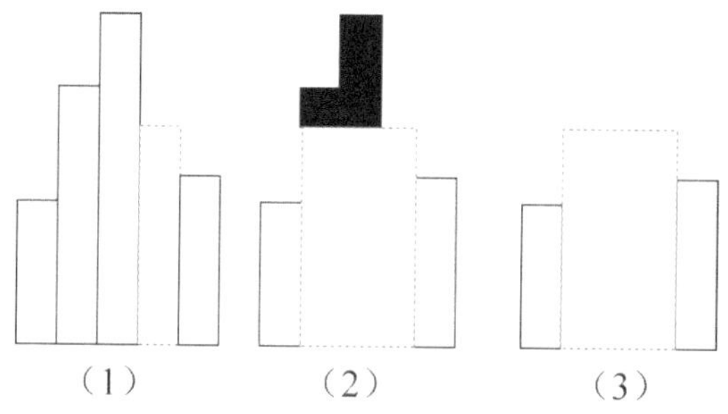

这就意味着，可以维护一个递增的栈，每次比较栈顶与当前元素。如果当前元素小于栈顶元素，则入站，否则合并现有栈，直至栈顶元素小于当前元素。

结尾入站元素 0，重复合并一次。

```
int largestRectangleArea(vector<int>&h) {
    stack<int> S;
    h.push_back(0);  // the last trigger
    int sum = 0;
    for (int i = 0; i < h.size(); i++) {
        if (S.empty() || h[i] > h[S.top()]) S.push(i);
        else {
            int tmp = S.top();
            S.pop();
            sum = max(sum, h[tmp]*(S.empty()? i : i-S.top()-1));
            i--;
        }
    }
    return sum;
}
```

44. 最后一个单词的长度

给定一个字符串 *s*，其中包含了大写/小写字母和空格字符' '，返回字符串中最后一个单词的长度。如果不存在最后一个单词，返回 0。

注意，一个单词定义为只包含非空格字符的一个字符序列。例如，给定 *s* = "Hello World"，返回 5。

【解析】

没有算法难度。从最后往前扫描。处理如下 4 种模式：（*表示若干个空格）

```
1. "*"
2. "*word"
```

```
3. "*word*"
4. "word*"
```

所以，从后往前扫描数组一遍，跳过空格的第一个单词即为所求。

【代码】

```
int lengthOfLastWord(const char *s) {
    int len = strlen(s);
    int count = 0;
    for(int i =len-1; i>=0; i--)
    {
        if(s[i] == ' ')
        {
            if(count ==0) continue;
            else return count;
        }
        count++;
    }
    return count;
}
```

上面的算法，读起来自然，但是 strlen 需要额外地遍历数组一遍。下面的解法可以省去这额外的开销：

```
int lengthOfLastWord(const char *s) {
  const char* pStart=s;
  const char* pEnd=s;
  const char* p = s;
  const char* pre=s;
  while(*p!='\0')
  {
    if(*pre == ' ' && *p !=' ') pStart = p;
    if(*pre != ' ' && *p == ' ') pEnd = p;
    pre = p;
```

```
    p++;
  }
    if(*pre != ' ' && *p == '\0') pEnd = p;
    return pEnd - pStart;
}
```

45. 一个手机号码的字母组合

给定一个数字字符串，返回该数字所能够表示的所有可能的字母组合。

从数字到字母的映射（就像是手机上的按钮一样）如下所示。

输入：数字字符串"23"

输出：["ad", "ae", "af", "bd", "be", "bf", "cd", "ce", "cf"].

注意，尽管上面的解答是按照字母顺序排列的，但是，你的解答可以按照任意顺序给出。

【解析】

这是一道经典的递归题。模拟字符排列。解析在此略过，具体看代码。

【代码】

```
vector<string> letterCombinations(string digits) {
    string trans[] = {"", " ", "abc", "def", "ghi", "jkl",
        "mno", "pqrs", "tuv", "wxyz"};
```

```
    vector<string> set;
    string seq;
    Generater(trans, digits, 0, seq, set);
    return set;
}
void Generater(string trans[], string& digits,
 int deep, string& result, vector<string>& set)
{
    if(deep == digits.size())
    {
        set.push_back(result);
        return;
    }

    // convert ACSII code to integer
    int curDig = digits[deep] - 48;
    for(int i =0; i < trans[curDig].size(); i++)
    {
        result.push_back(trans[curDig][i]);
        Generater(trans, digits, deep+1, result, set);
        result.resize(result.size() -1);
    }
}
```

46. 链表中的环

给定一个链表，判断其中是否有环。

扩展：

你是否能够不使用额外的空间来解决这个问题。

【解析】

可以通过双指针来解决该问题。设定两个指针 P_{slow} 和 P_{fast}。对于 P_{slow}，每次只移动一步，对于 P_{fast}，每次移动两步，如果链表上有环，两个指针必然能够相遇。否则，无环。

【代码】

```
bool hasCycle(ListNode *head) {
    if(head == NULL) return false;
    ListNode* first = head;
    ListNode* second = head->next;
    while(first != NULL && second != NULL)
    {
        if(first == second) return true;
        first = first->next;
        second = second->next;
        if(second == NULL)
            return false;
        second = second->next;
    }
    return false;
}
```

47. 链表中的环 II

给定一个链表，返回其中环开始的节点。如果没有环，返回 null。

扩展：

你是否能够不使用额外的空间来解决这个问题。

【解析】

首先，比较直观的是，先使用第 46 题中的办法，判断是否有环。如果有，则从头遍历节点，对于每一个节点，查询是否在环里面，这是一种 O(n^2)的方法。但是仔细想一想，会发现这是一道数学题。

如下图所示，假设链表有环，环长 Y，环以外的长度是 X。

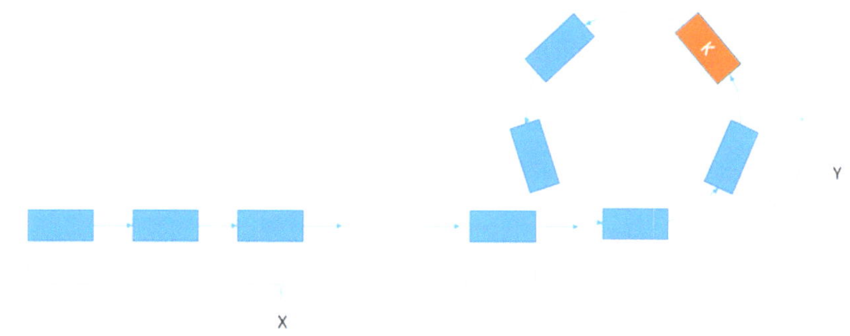

现在有两个指针，第一个指针，每走一次走一步，第二个指针每走一次走两步，如果它们走了 t 次之后相遇在 K 点。

```
For Pslow, it moves following steps:
    t = X + nY + K   ①
For Pfast, it moves following steps:
    2t = X + mY+ K ②
m,n are unknown variables
```

把等式一代入到等式二中。

```
2X + 2nY + 2K = X + mY + K
=>  X+K  =  (m-2n)Y    ③
```

这就清晰了，X 和 K 的关系是基于 Y 互补的。等于说，两个指针相遇以后，再往下走 X 步就回到环的起点了。这就可以有 $O(n)$的时间复杂度了。

【代码】

```
ListNode *detectCycle(ListNode *head) {
    ListNode * first = head;
    ListNode * second = head;
    while(first != NULL && second != NULL)
    {
```

```
            first = first->next;
            second = second->next;
            if(second != NULL)
            second = second->next;
             if(first == second)
             break;
        }
        if(second == NULL) return NULL;
        // move for another X steps to find the head
        first = head;
        while(first!=second)
        {
            first = first->next;
            second = second->next;
        }
        return second;
}
```

48. 最大公共前缀

编写一个函数，从字符串的一个数组中找出最大公共前缀。

【解析】 最大公共前缀，意味着该前缀出现在所有字符串中。所以，对于每一个字符，比较所有的字符串，如果该字符出现在所有的字符串中，则添加该字符到前缀字符串中去，否则，结束搜索。

【代码】

```
string longestCommonPrefix(vector<string>&strs) {
        string prefix;
        if(strs.size() ==0) return prefix;
        int len =0;
        while(1)
```

```
        {
            char var;
            int i=0;
            for(; i< strs.size(); i++)
           {
                if(i ==0) var =strs[0][len];
                    if(strs[i].size() == len || var != strs[i][len])
                break;
             }
             if(i!= strs.size())
                break;
             len++;
             prefix.append(1, var);
        }
        return prefix;
    }
```

49. 最长连续序列

给定整数的一个未排序数组，找出最长的连续元素序列的长度。

例如，给定了[100, 4, 200, 1, 3, 2]，最长的连续元素序列是[1, 2, 3, 4]。返回其长度为 4。

你的算法的复杂度应该是 O(*n*)。

【解析】

对于数组中任何一个元素，假设其值为 num，定义 D[num]为该数组中存在的从 k 到 num 的最长连续序列的长度，其中 0<k<num

```
D[num] = D[num-1] +1 if num-1 in the map
      =0       if num-1 not in the map
```

但是 C++中的 unordered_map 的 key 是无序，这里要用到 Memorization 来优化代码，这样的话，对于任意节点，只是在第一次访问的时候递归一遍生成最大序列长度，随后只需要从备忘录中获取值即可。

【代码】

代码中，第 8～13 行和第 15～18 行可以合并成一个 for 循环。考虑到代码的易读性，这里仍然保留为两个独立的 for 循环。

```
1:  int longestConsecutive(vector<int>&num) {
2:      unordered_map<int, int> hashmap;
3:      vector<int> length(num.size(),0);
4:      for(int i =0; i< num.size(); i++)
5:      {
6:          hashmap[num[i]]=i;
7:      }
8:      for(int i =0; i< num.size(); i++)
9:      {
10:         // skip the node, which already calculate the length
11:         if(length[i] > 0) continue;
12:            length[i] = consecutiveLength(num[i], hashmap, length);
13:     }
14:     int maxV = INT_MIN;
15:     for(int i =0; i< num.size(); i++)
16:     {
17:         maxV = length[i]>maxV?length[i]:maxV;
18:     }
19:     return maxV;
20: }
21: int consecutiveLength(int num,
22:     unordered_map<int, int>& hashmap,
23:     vector<int>& length)
24: {
```

```
    if(hashmap.find(num) == hashmap.end()) return 0;
    int index = hashmap[num];
    // skip the node, which already calculate the length
    if(length[index] > 0) return length[index];
    else
    {
        // hit each fresh node only once
        length[index] =
            consecutiveLength(num - 1, hashmap, length) + 1;
        return length[index];
    }
}
```

50. 最长回文子字符串

给定一个字符串 *S*，找出 *S* 中最长的回文子字符串。你可以假设 *S* 的最大长度为 1000，并且存在一个唯一的最长回文子字符串。

【解析】

定义 P[i,j]如下：

```
P[i,j] = 1          if range[i,j] is a palindrome.
P[i,j] = 0          if range[i,j] is not a palindrome
```

首先看一个例子，假设 S="abccb",

```
  S=    a b c c b
Index = 0 1 2 3 4
P[0,0] =1 //each char is a palindrome
P[0,1] =S[0] == S[1]   , P[1,1] =1
P[0,2] = S[0] == S[2] && P[1,1], P[1,2] = S[1] == S[2] , P[2,2]
= 1
P[0,3] = S[0] == S[3] && P[1,2], P[1,3] = S[1] == S[3] && P[2,2] ,
```

```
P[2,3] =S[2] ==S[3],  P[3,3]=1
........................
```

由此，可以推导出规律:

```
P[i,j] = 1 if i ==j
       =  S[i] ==S[j] if j = i+1
       =  S[i] == S[j] && P[i+1][j-1] if j>i+1
```

实现就很简单了。

【代码】

```
string longestPalindrome(string s) {
    int len = s.size();
    int P[len][len];
    memset(P, 0, len*len*sizeof(int));
    int maxL=0, start=0, end=0;
    for(int i =0; i< s.size(); i++)
    {
        for(int j =0; j<i; j++)
        {
            P[j][i] = (s[j] == s[i] && (i-j<2 || P[j+1][i-1]));
            if(P[j][i] && maxL < (i-j+1))
            {
                maxL = i-j+1;
                start = j;
                end = i;
            }
        }
        P[i][i] =1;
    }
    return s.substr(start, end-start +1);
}
```

51. 没有重复字符的最长的子字符串

给定一个字符串，找出其没有重复字符的最长的子字符串。例如，对于"abcabcbb"来说，没有重复字符的最长的子字符串是"abc"，其长度为 3。对于"bbbbb"来说，没有重复字符的最长的子字符串是"b"，其长度为 1。

【解析】

从左往右扫描，当遇到重复字母时，以上一个重复字母的 index +1，作为新的搜索起始位置，如下所示。

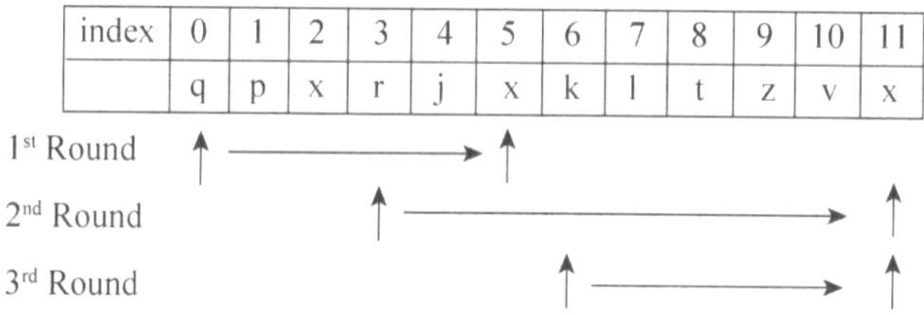

index	0	1	2	3	4	5	6	7	8	9	10	11
	q	p	x	r	j	x	k	l	t	z	v	x

直至扫描到最后一个字符。

【代码】

```
int lengthOfLongestSubstring(string s) {
    int count[26];
    memset(count, -1, 26*sizeof(int));
    int len=0, maxL = 0;
    for(int i =0; i< s.size(); i++,len++)
    {
        if(count[s[i]-'a']>=0)
        {
            maxL = max(len, maxL);
             len =0;
             i = count[s[i]-'a']+1;
```

```
12:                 memset(count, -1, 26*sizeof(int));
13:             }
14:             count[s[i]-'a']=i;
15:         }
16:         return max(len, maxL);
17:     }
```

注意	代码第 3 行，因为数组存储的是下标，所以初始值为-1。

52. 最长的有效的括号

给定一个字符串，它只包含字符 '(' 和')'，求出最长的有效的（符合规则的）括号子字符串的长度。

对于"(()"，最长的有效的子字符串是 "()"，其长度为 2。

另一个示例是")()())"，其中，最长的括号子字符串是 "()()"，其长度为 4。

【解析】

如果把题目改为“验证字符串是否是有效的括号”，估计每个人都会说“用栈呗”。

但是这个问题要求的不是验证，而是返回具体的最长匹配圆括号字符串的长度，怎么解决？

事实上，我们仍然可以用栈来解决这个问题，不过，在栈顶始终保持上一个左边界的下标。在扫描字符串的过程中，每次遇到左括号，则将其下标压入栈顶，每次遇到右括号，则弹出栈顶的左括号下标，重新计算一次最大长度。

【代码】

```
int longestValidParentheses(string s) {
    const char* str = s.c_str();
    int nMax=0;
    const char *p = str;
    vector<const char*> sta;
    while(*p !='\0')
    {
        if(*p == '(')
        {
            sta.push_back(p);
         }
         else
         {
            if(!sta.empty() && *sta.back()=='(')
            {
                sta.pop_back();
                nMax = max(nMax,
                   p- (sta.empty()?str-1:sta.back()) );
            }
            else
            {
                sta.push_back(p);
            }
         }
        p++;
    }
    return nMax;
}
```

53. LRU 缓存

为最近使用的缓存（Least Recently Used，LRU）设计并实现一种数据结构。

它应该支持如下的操作：get 和 set。

get(key)——如果缓存中存在该 key 的话，获取该 key 的值（将总是为正的），否则的话，返回-1。

set(key, value)——如果还不存在 key 的话，设置或插入该值。当缓存达到其容量后，在插入新的项之前，应该先使得最近使用的项变为无效。

【解析】

首先，对于缓存，如果希望有 O(1)的查找复杂度，肯定要用 hashmap 来保存 key 和对象的映射。对于 LRU 而言，问题在于如何用 O(1)解决缓存条目的替换问题。

简单的说，缓存的存储是一个链表的话，那么只要保证从头到尾的顺序就是缓存从新到旧的顺序就好了，对于任何一个节点，如果被访问了，那么就将该节点移至头部。如果缓存已满，那么就把尾部的删掉，从头部插入新节点。

所以，需要用到两个数据结构。

1．链表 list，按照从新到旧的方式保存对象。不一定是 list，也可以用 vector，不过 list 的好处是 STL 已经实现了头尾操作的 API，vector 的话，还要自己写，比较麻烦。

2．哈希表 hashmap，用于保存 key 和对象在链表中的下标的映射 。

【代码】

```
class LRUCache{
public:
    struct CacheEntry
    {
```

```
    public:
        int key;
        int value;
        CacheEntry(int k, int v) :key(k), value(v) {}
    };
     LRUCache(int capacity) {
         m_capacity = capacity;
     }
     int get(int key) {
         if (m_map.find(key) == m_map.end())
             return -1;
         MoveToHead(key);
         return m_map[key]->value;
     }
     void set(int key, int value) {
         if (m_map.find(key) == m_map.end())
         {
             CacheEntry newItem(key, value);
             if (m_LRU_cache.size() >= m_capacity)
             {
                 //remove from tail
                 m_map.erase(m_LRU_cache.back().key);
                 m_LRU_cache.pop_back();
             }
             // insert in head.
             m_LRU_cache.push_front(newItem);
             m_map[key] = m_LRU_cache.begin();
             return;
         }
         m_map[key]->value = value;
         MoveToHead(key);
     }
private:
    unordered_map<int, list<CacheEntry>::iterator> m_map;
    list<CacheEntry> m_LRU_cache;
```

```
    int m_capacity;
    void MoveToHead(int key)
    {
        //Move key from current location to head
        auto updateEntry = *m_map[key];
        m_LRU_cache.erase(m_map[key]);
        m_LRU_cache.push_front(updateEntry);
        m_map[key] = m_LRU_cache.begin();
    }
};
```

54. 二叉树的最大深度

给定一个二叉树，求其最大深度。

最大深度是从根节点向下到最远的叶子节点的最长路径，所经过的节点的数目。

【解析】

定义 Max[K]是以 K 为根节点的子树的最大深度，那么，递推方程可以归纳为：

Max [K] = max (Max[K->left] , Max[K->right]) + 1

【代码】

```
int maxDepth(TreeNode *root) {
  // Start typing your C/C++ solution below
  // DO NOT write int main() function
  if(root == NULL)
    return 0;
  int lmax = maxDepth(root->left);
```

```
    int rmax = maxDepth(root->right);
    return max(lmax, rmax)+1;
}
```

另一种办法是，可以对树按层访问，并统计层数。具体代码可以参考第 14 题“层次遍历”二叉树的解法。

55. 一条直线上的点的最大数目

给定 2D 平面上的 n 个点，找到位于同一直线上的点的最大的数目。

【解析】

任意一条直线都可以表示为

```
y = ax + b
```

假设，有两个点 A(x1,y1) 和 B(x2,y2)。如果它们都在这条直线上则有：

```
y1 = kx1 +b      [1]
y2 = kx2 +b      [2]
```

[2]–[1] => k = (y2-y1)/(x2-x1)。k 为直线 AB 的斜率。即如果存在点 C，使得点 C 和点 A 形成的直线斜率为 k，而点 B 和点 A 形成的直线斜率也为 k，那么由传递性，可以知道点 C 和点 B 也在一条线上。解法就从这里来。

取一个点(xk,yk)，遍历所有节点(xi, yi)，然后统计斜率相同的点数，并求取最大值即可。

【代码】

代码中注意处理两种情况：

1. 垂直曲线，斜率无限大。

2. 重复节点。

```
int maxPoints(vector<Point>&points) {
    unordered_map<float, int> statistic;
    int maxNum = 0;
    for (int i = 0; i< points.size(); i++)
    {
        statistic.clear();
        statistic[INT_MIN] = 0; // for processing duplicate point
        int duplicate = 1;
        for (int j = 0; j<points.size(); j++)
        {
            if (j == i) continue;
            if (points[j].x == points[i].x && points[j].y == points[i].y) // count duplicate
            {
                duplicate++;
                continue;
            }
            float key = (points[j].x - points[i].x) == 0 ?
             INT_MAX :  (float) (points[j].y - points[i].y) / (points[j].x - points[i].x);
             statistic[key]++;
        }
        for (auto& it = statistic.begin(); it != statistic.end(); ++it)
        {
            if (it->second + duplicate >maxNum)
            {
                maxNum = it->second + duplicate;
            }
        }
```

```
    }
    return maxNum;
}
```

56. 最大子数组

求出一个数组中连续的子数组（至少包含一个数字），而该子数组拥有最大的和。

例如，给定数组[−2,1,−3,4,−1,2,1,−5,4]，连续数组[4,−1,2,1]拥有最大的和 sum = 6。

更进一步的练习：

如果你找到了 $O(n)$的解决方案，尝试使用分而治之的方法来编写另外一个解决方案，这更加微妙一些。

【解析】

一般来说，要求在 $O(n)$的复杂度下解决最大/最小之类的问题，往往都是用动态规划来解题。

假设 A(0, i)区间存在 k，使得[k, i]区间是以 i 结尾区间的最大值，定义为 Max[i], 在这里，当求取 Max[i+1]时

```
Max[i+1] = Max[i] + A[i+1],  if (Max[i] + A[i+1] >0)
         = 0, if(Max[i]+A[i+1] <0), the reason here is, A[i+1] must
be a negative number, which has no value to keep.
```

有了这个递推式，从左往右扫描，求取 Max 数字的最大值即为所求。

【代码】

```
int maxSubArray(int A[], int n) {
    int sum = 0;
    int max = INT_MIN;
    for(int i =0; i < n ; i ++)
    {
        sum +=A[i];
        if(sum>max)
            max = sum;
        if(sum < 0)
            sum = 0;
    }
    return max;
}
```

但是题目中要求，不要用这个 $O(n)$解法，而是采用分而治之。这就暗示了，解法必然是二分的。分析如下：

假设数组 A[left, right]存在最大值区间[i, j](i>=left & j<=right)，以 mid = (left + right)/2 分界，无非以下 3 种情况：

（1）subarray A[i,..j] is entirely in A[low,mid-1]

（2）subarray A[i,..j] is entirely in A[mid+1,high]

（3）subarray A[i,..j] is across middle

对于（1）and（2），直接递归求解即可，对于（3），则需要以 min 为中心，向左及向右扫描求最大值，意味着在 A[left, Mid]区间中找出 A[i..mid]，而在 A[mid+1, right]中找出 A[mid+1..j]，两者加和即为（3）的解。

代码实现如下：

```
int maxSubArray(int A[], int n) {
     int maxV = INT_MIN;
     return maxArray(A, 0, n-1, maxV);
}
int maxArray(int A[], int left, int right, int& maxV)
{
     if(left>right)
        return INT_MIN;
     int mid = (left+right)/2;
     int lmax = maxArray(A, left, mid -1, maxV);
     int rmax = maxArray(A, mid + 1, right, maxV);
     maxV = max(maxV, lmax);
     maxV = max(maxV, rmax);
     int sum = 0, mlmax = 0;
     for(int i= mid -1; i>=left; i--)
     {
         sum += A[i];
         if(sum > mlmax)
             mlmax = sum;
     }
     sum = 0; int mrmax = 0;
     for(int i = mid +1; i<=right; i++)
     {
         sum += A[i];
         if(sum > mrmax)
             mrmax = sum;
     }
     maxV = max(maxV, mlmax + mrmax + A[mid]);
     return maxV;
}
```

57. 两个排序的数组的中位数

有两个排序的数组 A 和 B，其大小分别为 m 和 n。求两个排序的数组的中位数。整体的运行时间复杂度应该是 O(log (*m*+*n*))。

【解析】

O(*n*)的解法比较直观，直接合并两个数组，然后求中间值。而对于 O(log(*m*+*n*)) 显然是用二分搜索了，相当于“两个排序的数组中的第 *k* 个元素”的变形。如果 (*m*+*n*)为奇数，那么找到“两个排序的数组中的第(*m*+*n*)/2+1 个元素”即可。如果 (*m*+*n*)为偶数，需要找到第(*m*+*n*)/2 个元素及第(*m*+*n*)/2+1 个元素，然后求平均值。

而对于“两个排序的数组中的第 *k* 个元素”，如下图所示，两个中位数 A[*m*/2] 和 B[*n*/2]，可以将数组划分为 4 个部分。而丢弃哪一个部分取决于两个条件：

1．(*m*/2 + *n*/2)?k；

2．A[*m*/2] ? B[*n*/2]；

$$\underbrace{a_0,a_1,a_2,\cdots a_{m/2},}_{\text{Section 1}}\ \underbrace{a_{m/2+1},\cdots a_{m-2},a_{m-1}}_{\text{Section 2}}$$

$$\underbrace{b_0,b_1,b_2,\cdots b_{n/2},}_{\text{Section 3}}\ \underbrace{b_{n/2+1},\cdots b_{n-2},b_{n-1}}_{\text{Section 4}}$$

1 .(m / 2 + n / 2 + 1)?k

2. $a_{m/2}?b_{n/2}$

如果 $(m/2 + n/2) > k$，那么意味着，当前中位数取高了，正确的中位数要么在 Section 1 或者 Section3 中。如果 A[*m*/2] > B[*n*/2], 意味着中位数肯定不可能在 Section 2 里面，那么新的搜索可以丢弃这个区间段了。同理可以推断出余下 3 种情况，如下所示：

```
If (m/2+n/2+1) > k && a_{m/2} > b_{n/2} , drop Section 2
If (m/2+n/2+1) > k && a_{m/2} < b_{n/2} , drop Section 4
If (m/2+n/2+1) < k && a_{m/2} > b_{n/2} ,  drop Section 3
If (m/2+n/2+1) < k && a_{m/2} < b_{n/2} ,  drop Section 1
```

简单的说，就是或者丢弃最大中位数的右区间，或者丢弃最小中位数的左区间。

【代码】

```
double findMedianSortedArrays(int A[], int m, int B[], int n)
{
    if((n+m)%2 ==0)
    {
        return (GetMedian(A,m,B,n, (m+n)/2)
            + GetMedian(A,m,B,n, (m+n)/2+1))/2.0;
    }
    else
        return GetMedian(A,m,B,n, (m+n)/2+1);
}

int GetMedian(int a[], int n, int b[], int m, int k)
{
    assert(a && b);
    if (n <= 0) return b[k-1];
    if (m <= 0) return a[k-1];
    if (k <= 1) return min(a[0], b[0]);
    if (b[m/2] >= a[n/2])
    {
        if ((n/2 + 1 + m/2) >= k)
            return GetMedian(a, n, b, m/2, k);
        else
            return GetMedian(
                a + n/2 + 1, n - (n/2 + 1), b, m, k - (n/2 + 1));
    }
    else
    {
        if ((m/2 + 1 + n/2) >= k)
            return GetMedian( a, n/2,b, m, k);
```

```
        else
            return GetMedian(
                a, n, b + m/2 + 1, m - (m/2 + 1),k - (m/2 + 1));
    }
}
```

注意，对于递归的终止条件，注意处理 n==0、m ==0 及 k==1 这些边界条件。

58. 合并间隔

给定间隔的一个集合，合并所有重叠的间隔。例如，给定 [1,3],[2,6],[8,10],[15,18]，返回[1,6],[8,10],[15,18]。

【解析】

复用一下第 38 题“插入间隔”的解法即可，创建一个新的间隔集合，然后每次从旧的里面取一个间隔出来，然后插入到新的集合中。

【代码】

```
vector<Interval> merge(vector<Interval>&intervals) {
    vector<Interval> result;
    for(int i =0; i< intervals.size(); i++)
    {
        insert(result, intervals[i]);
    }
    return result;
}
    void insert(vector<Interval>&intervals, Interval newInterval) {
```

```
    vector<Interval>::iterator it = intervals.begin();
    while(it!= intervals.end())
    {
        if(newInterval.end<it->start)
        {
            intervals.insert(it, newInterval);
            return;
        }
        else if(newInterval.start > it->end)
        {
            it++;
            continue;
        }
        else
        {
               newInterval.start = min(newInterval.start,
it->start);
                  newInterval.end = max(newInterval.end,
it->end);
            it =intervals.erase(it);
        }
    }
    intervals.insert(intervals.end(), newInterval);
}
```

59. 合并 *k* 个排序的链表

合并 *k* 个排序的链表，并且将其作为一个排序的链表返回。分析并描述其复杂度。

【解析】典型的合并排序题。在合并排序外面再套一层循环即可。注意指针操作。

【代码】

```
ListNode *mergeKLists(vector<ListNode *>&lists) {
  if(lists.size() == 0) return NULL;
  ListNode *p = lists[0];
  for(int i =1; i< lists.size(); i++)
  {
    p = merge2Lists(p, lists[i]);
  }
  return p;
}
 ListNode * merge2Lists(ListNode *head1, ListNode *head2)
 {
   ListNode *head = new ListNode(INT_MIN);
   ListNode *p = head;
   while(head1!=NULL && head2!=NULL)
   {
     if(head1->val < head2->val)
     {
       p->next = head1;
       head1 = head1->next;
     }
     else
     {
       p->next = head2;
       head2 = head2->next;
     }
     p = p->next;
   }
   if(head1 !=NULL)
   {
     p->next = head1;
   }
   if(head2 != NULL)
   {
```

```
        p->next = head2;
      }
      p = head;
      head = head->next;
      delete p;
      return head;
    }
```

60. 合并排序的数组

给定两个排序的整数数组 A 和 B，将 B 合并到 A 中，形成一个排序的数组。

注意，你可以假设 A 有足够的空间来保存 B 中的额外的元素。A 和 B 中最初的元素的数目分别为 m 和 n。

【解析】

简单的说，就是从后往前填空。因为，题目已经提到，A 有足够的空间来存储合并后的数组，所以从后往前把两个数组倒填到 A 里面就可以了。如下图所示：

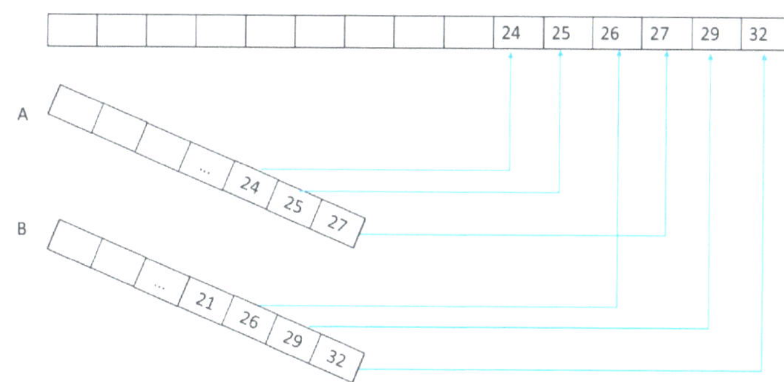

【代码】

```
void merge(int A[], int m, int B[], int n) {
  int k = m+n-1;
```

```
    int i = m-1, j =n-1;
    for(; i>=0 && j>=0; k--)
    {
      if(A[i] >= B[j])
      {
        A[k] = A[i];
        i--;
      }
      else
      {
        A[k] = B[j];
        j--;
      }
    }
    while(j >=0)
    {
      A[k] = B[j];
      k--; j--;
    }
  }
```

61. 合并两个排序的链表

将两个排序的链表合并，并返回一个新的链表。新的链表应该是通过将前两个链表中的元素合并到一起而形成的。

【解析】

非常简单的一道题。用双指针分别扫描两个链表，扫描过程中，不断比较两个指针指向的链表节点的值，将值小的节点插入到新链表中。

【代码】

```
ListNode *mergeTwoLists(ListNode *l1, ListNode *l2) {
    ListNode* head = new ListNode(-1);
```

```
    ListNode* p = head;
    while(l1!=NULL || l2!= NULL)
    {
        int val1 = l1==NULL?INT_MAX:l1->val;
        int val2 = l2==NULL? INT_MAX:l2->val;
        if(val1<=val2)
        {
            p->next = l1;
            l1=l1->next;
        }
        else
        {
            p->next = l2;
            l2 = l2->next;
        }
        p= p->next;
    }
    p = head->next;
    delete head;
    return p;
}
```

62. 二叉树的最小深度

给定一个二叉树，求其最小的深度。最小的深度是从根节点向下到最近的叶子节点的最短路径上的节点的数目。

【解析】

对于树的最大或最小问题，往往都是依赖于递归来解决。如果定义 Min[*K*] 为以 *K* 为根节点的子树的最小深度，那么可以得到：

```
Min[ K ] = min ( Min[K->left] , Min[K->right]) + 1
```

实现如下。

【代码】

```
int minDepth(TreeNode *root) {
  // Start typing your C/C++ solution below
  // DO NOT write int main() function
  if(root == NULL)
    return 0;
  int lmin = minDepth(root->left);
  int rmin = minDepth(root->right);
  if(lmin ==0 && rmin ==0)
    return 1;
  if(lmin ==0)
  {
    lmin = INT_MAX;
  }
  if(rmin ==0)
  {
    rmin = INT_MAX;
  }
  return min(lmin, rmin) +1;
}
```

63. 最小路径和

给定一个 $m \times n$ 的栅格，其中填满了非负数，求从左上角到右下角的一条路径，其中路径上的所有数字的加和最小。

注意，在任何时候，在给定的点，只能够向下或向右移动。

【解析】

二维的动态规划问题。假设用二维数组 A[row][col]来表示 $m \times n$ 的棋盘。定义 Min[i][j]为从左上方到 A (i,j)的最短路径。题目已经说了，只能往下或往右移动，所以对于任意一个格子，路径只可能从上方或者左方过来（如下图所示）。

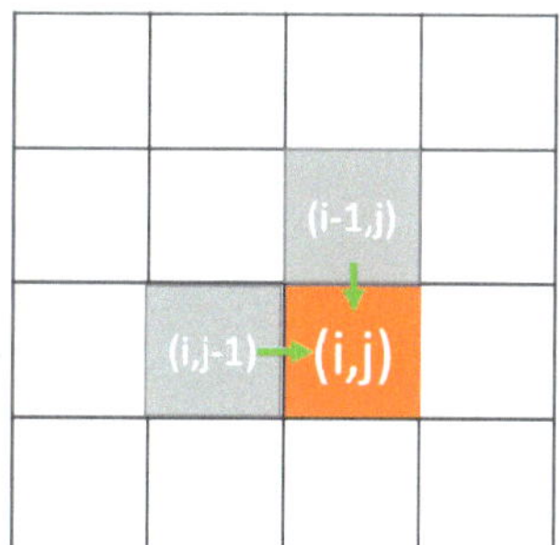

这个关系，映射到转换方程，就是：

```
Min[i][j] = min(Min[i-1][j], Min[i][j-1]) +A[i][j]  if i>0 && j>0
        or =  A[0][j]  if i==0
        or =  A[i][0]  if j==0
```

【代码】

```
int minPathSum(vector<vector<int>>&grid) {
  // Start typing your C/C++ solution below
  // DO NOT write int main() function
  if(grid.size() ==0) return 0;
  int row = grid.size();
  int col = grid[0].size();
  int Min[row][col];
  Min[0][0] =grid[0][0];
  for(int i =1; i < row; i ++)
   {
     Min[i][0] =Min[i-1][0] + grid[i][0];
   }
   for(int i =1; i< col; i++)
   {
     Min[0][i] = Min[0][i-1] + grid[0][i];
   }
```

```
    for(int i =1; i< row; i++)
    {
      for(int j =1; j< col; j++)
      {
                Min[i][j]  =  min(Min[i-1][j],  Min[i][j-1])  +
grid[i][j];
      }
    }
    return Min[row-1][col-1];
  }
```

上面的代码是用二维数组来做 DP 运算，但是在实现中，往往滚动数组可以起到同样的作用，且更节省空间，如下。

```
int minPathSum(vector<vector<int>>&grid) {
  int row = grid.size();
  if(row == 0) return 0;
  int col = grid[0].size();
  if(col == 0) return 0;
  vector<int> steps(col,INT_MAX);
  steps[0] =0;
  for(int i =0; i< row; i++)
  {
      steps[0] = steps[0] + grid[i][0];
      for(int j=1; j<col; j++)
      {
         steps[j]=min(steps[j], steps[j-1]) + grid[i][j];
      }
   }
   return steps[col-1];
}
```

64. 最小的窗口子字符串

给定一个字符串 S 和一个字符串 T，求 S 中的最小的窗口，其中包含了 T

中的字符。算法的复杂度为 O(*n*)。

例如，

```
S = "ADOBECODEBANC"
T = "ABC"
```

最小的窗口是 "BANC"。

注意，如果 *S* 中不存在覆盖了 T 中的所有的字符的窗口，返回空字符串 ""。

如果有多个这样的窗口，确保 *S* 中总有一个唯一的最小窗口。

【解析】

采用双指针，动态维护一个区间。尾指针不断往后扫，当扫到有一个窗口包含了所有 *T* 的字符后，然后再收缩头指针，直到不能再收缩为止，这就是当前的最小窗口。最后记录所有最小窗口的值，从中选择最小的那一个。

【代码】

```
string minWindow(string S, string T) {
  // Start typing your C/C++ solution below
  // DO NOT write int main() function
    if(S.size() == 0) return "";
      if(S.size() < T.size()) return "";
      int appearCount[256];
      int expectCount[256];
      memset(appearCount, 0, 256*sizeof(appearCount[0]));
      memset(expectCount, 0, 256*sizeof(appearCount[0]));
       for(int i =0; i < T.size(); i++)
       {
           expectCount[T[i]]++;
       }
```

```
        int minV = INT_MAX, min_start = 0;
        int wid_start=0;
        int appeared = 0;
        for(int wid_end = 0; wid_end< S.size(); wid_end++)
        {
            if(expectCount[S[wid_end]] > 0)//his char is a part of T
            {
                appearCount[S[wid_end]]++;
                if(appearCount[S[wid_end]] <= expectCount[S[wid_end]])
                    appeared ++;
            }
            if(appeared == T.size())
            {
                while(appearCount[S[wid_start]] > expectCount[S[wid_start]]
                || expectCount[S[wid_start]] == 0)
                {
                    appearCount[S[wid_start]]--;
                    wid_start ++;
                }
                if(minV > (wid_end - wid_start +1))
                {
                    minV = wid_end - wid_start +1;
                    min_start = wid_start;
                }
            }
        }
    if(minV == INT_MAX) return "";
        return S.substr(min_start, minV);
}
```

65. 字符串相乘

给定表示为字符串的两个数字，返回作为字符串的数字的乘积。

注意，数字可以是任意大小，但是是非负的。

【解析】

大整数乘法，一位一位往上乘，注意进位的处理即可。此外，注意 0 的处理。例如，代码第 25～31 行，用于处理冗余的 0，如果没有这段代码，“9133”和“0”相乘的结果就是“000000”，而不是“0”。

【代码】

```
1:  string multiply(string num1, string num2) {
2:    // Start typing your C/C++ solution below
3:    // DO NOT write int main() function
4:    if(num1.size() ==0 || num2.size() ==0) return 0;
5:    string res(num1.size()+num2.size()+1, '0');
6:    std::reverse(num1.begin(), num1.end());
7:    std::reverse(num2.begin(), num2.end());
8:    for(int i =0; i < num1.size(); i++)
9:    {
10:     int dig1 = num1[i] -'0';
11:     int carry = 0;
12:     for(int j = 0; j< num2.size(); j++)
13:     {
14:       int dig2 = num2[j] - '0';
15:       int exist = res[i+j] -'0';
16:       res[i+j] = (dig1*dig2+carry+ exist) % 10 +'0';
17:       carry = (dig1*dig2+carry+exist)/10;
18:     }
```

```
        if(carry >0)
        {
          res[i+num2.size()] = carry + '0';
        }
      }
      std::reverse(res.begin(), res.end());
      int start =0;
      while(res[start] =='0' && start < res.size())
      {
        start++;
      }
      if(start == res.size()) return "0";
      return res.substr(start, res.size()-start);
    }
```

66. 下一个排列

实现下一个排列，它将数字按照字典顺序中的下一个较大的数字排列来重新排列。

如果不能进行这样的一次排列，必须将其按照最低的可能的顺序排列（例如，按照升序排列）。

替换必须就地进行，不能使用额外的内存。如下是一些示例。左边的列是输入，对应的输出是右边的列。

```
1,2,3 → 1,3,2
3,2,1 → 1,2,3
1,1,5 → 1,5,1
```

【解析】

这题更像一道数学题，画了个图表示算法，如下所示：

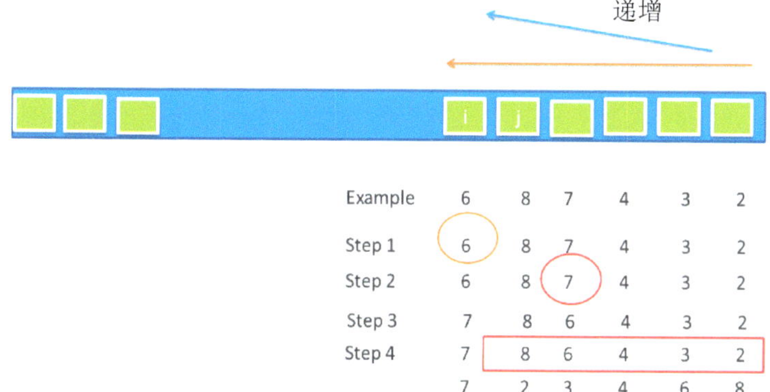

步骤 1. 从右向左，找到第 1 个违反递增趋势的数字（PartitionNumber），在这个示例中，选出来是 6，因为 8、7、4、3、2 保持了从右向左递增的趋势。

步骤 2. 从右向左，找到比 PartitionNumber 大的第 1 个数，称之为 changeNumber。这里，选中的是 7。

步骤 3. 把 PartitionNumber 和 changeNumber 互换。

步骤 4. 将 PartitionNumber 索引的右边的所有的数字都翻转。

【代码】

```
void nextPermutation(vector<int>&num) {
    assert(num.size() >0);
    int vioIndex = num.size() -1;
    while(vioIndex >0)
    {
        if(num[vioIndex-1] < num[vioIndex])
            break;
        vioIndex --;
    }
    if(vioIndex >0)
    {
        vioIndex--;
        int rightIndex = num.size()-1;
```

```
            while(rightIndex >=0 && num[rightIndex] <= num[vioIndex])
            {
                rightIndex --;
            }
            int swap = num[vioIndex];
            num[vioIndex] = num[rightIndex];
            num[rightIndex] = swap;
            vioIndex++;
        }
        int end= num.size()-1;
        while(end > vioIndex)
        {
            int swap = num[vioIndex];
            num[vioIndex] = num[end];
            num[end] = swap;
            end--;
            vioIndex++;
        }
    }
```

67. 回文数字

判断一个整数是否是回文的。不要使用额外的空间完成这一任务。

一些提示：负数能够是回文的吗？（例如，-1）。

如果你考虑将一个整数转换为一个字符串，要注意不允许使用额外空间的限制。如何处理这种情况？还有一种更加通用的方法来解决这个问题。

【解析】

也是一个双指针问题，从收尾两端往中间扫。首先，取第一位和最后一位（十进制下）进行比较，相等则取第二位和倒数第二位，直到完成比较或者中途找到了不一致的位。

【代码】

```
bool isPalindrome(int x) {
    if(x<0) return false;
    int div = 1;
    while(x/div >=10)
       div*=10;
    while(x>0)
    {
        int l = x/div;
        int r = x%10;
        if(l!=r) return false;
        x=x%div/10;
        div/=100;
    }
    return true;
}
```

68. 回文划分

给定一个字符串 *s*，将 *s* 划分，以便划分的每个子字符串都是回文的。

返回 *s* 的所有可能的回文划分。

例如，给定 *s* = "aab"，

返回：

```
[
   ["aa","b"],
   ["a","a","b"]
```

```
]
```

【解析】

一般来说，如果要求输出所有的可能的解，往往都是要用深度优先搜索。如果是要求找出最优的解，或者解的数量，往往暗示可以用动态规划来解决。

深度优先搜索的解题思路比较直观暴力，通过递归遍历所有解，不过在遍历的过程中注意剪枝，避免冗余计算。

【代码】

```
vector<vector<string>> partition(string s) {
    vector<vector<string>> result;
    vector<string> output;
    DFS(s, 0, output, result);
    return result;
}
void DFS(string &s, int start, vector<string>& output,
         vector<vector<string>>&result)
{
    if(start == s.size())
    {
        result.push_back(output);
        return;
    }
    for(int i = start; i< s.size(); i++)
    {
        if(isPalindrome(s, start, i))
        {
            output.push_back(s.substr(start, i-start+1));
            DFS(s, i+1, output, result);
            output.pop_back();
```

```
            }
        }
}
bool isPalindrome(string &s, int start, int end)
{
    while(start< end)
    {
        if(s[start] != s[end])
        return false;
        start++; end--;
    }
    return true;
}
```

69. 回文划分 II

给定一个字符串 *s*，将 *s* 划分，以便划分的每个子字符串都是回文的。

返回 *s* 的一个回文划分所需的最小划分次数。

例如，给定 *s* = "aab"，

由于回文划分["aa","b"]可以通过一次划分而得到，因此，返回 1。

【解析】

凡是求最优解的，一般都是走动态规划的路线。这一题也不例外。首先定义 dp 函数，

```
D[i,n] = the minimum cus of range [i,n] (n is the length of input
string S).
```

举个例子，

```
a b a b b b a b b a b a
                  i                               n
```

如果现在求[i,n]之间的最优解？应该是多少？简单看一看，至少有下面一个解。

```
a b a b b b a b b a b a
                  i                 j    j+1    n
```

此时，可以得到：

```
D[i, n] = min(D[i, j] + D[j+1,n])  i<=j <n.
```

这是个二维的函数，实际写代码时会有很多冗余计算，因为要遍历所有 i，j 的可能，那么，我们真的需要做二维动态规划吗？其实不用，在动态规划的过程中，如果认真再看一下上面的例子，就会发现，其实只有当 S[i,j]是回文的时候，才需要计算 D[i,n]。

让我们引入一个新的变量来帮助理解，定义 P[i,j]如下

```
P[i][j] = true, if S[i,j] is a palindrome
        = false, if not.
```

函数 P 的递推函数可以推导出：

```
P[i][j] = str[i] == str[j] && P[i+1][j-1];
```

那么这时候，D 的递推函数就基于 P 来做新的简化：

```
D[i] = the minimum cus of range [i,n] (n is the length of input
string S).
D[i] = min(1+D[j+1] )    i<=j <n  if P[i][j] = true
```

【代码】

```
int minCut(string s) {
    int len = s.size();
    int D[len+1];
    bool P[len][len];
    //the worst case is cutting by each char
    for(int i = 0; i <= len; i++)
    D[i] = len-i;
    for(int i = 0; i < len; i++)
    for(int j = 0; j < len; j++)
     P[i][j] = false;
     for(int i = len-1; i >= 0; i--){
         for(int j = i; j < len; j++){
             if(s[i] == s[j] && (j-i<2 || P[i+1][j-1])){
                 P[i][j] = true;
                 D[i] = min(D[i],D[j+1]+1);
             }
         }
     }
     return D[0]-1;
}
```

70. 划分链表

给定一个链表和一个值 x，将链表划分，以便比 x 小的所有节点都在大于或等于 x 的节点之前。

应该在两个划分中保留节点最初的相对顺序。

例如，给定 1->4->3->2->5->2 和 $x = 3$

返回 1->2->2->4->3->5。

【解析】

从左往右扫描，首先找到第一个大于 X 的指针，然后在该指针左边，不断插入小于 X 的元素。这里为了避免处理头节点是否为空的检测，在头指针位置先插入一个干扰元素，以保证头节点永不为空，然后在最后返回的时候删除掉。

【代码】

```
ListNode *partition(ListNode *head, int x) {
    ListNode* p = new ListNode(x-1);
    p->next = head;
    head = p;
    ListNode* pre;
    while(p!=NULL && p->val < x)
    {
        pre = p;
        p = p->next;
    }
    if(p!=NULL)
    {
        //Track the insert position.
        ListNode* cur = pre;
        while(p!=NULL)
        {
            if(p->val <x)
            {
                ListNode* temp = cur->next;
                pre->next = p->next;
                cur->next = p;
                cur = p;
                p->next = temp;
                p = pre;
            }
            pre=p;
            p= p->next;
        }
```

```
        }
        ListNode* temp = head;
        head = head->next;
        delete temp;
        return head;
}

```

71. Pascal 三角

给定一个索引 k，返回 Pascal 三角的第 k 行。例如，给定 k=3，

返回 [1,3,3,1]。

```
[
     [1],
    [1,1],
   [1,2,1],
  [1,3,3,1],
 [1,4,6,4,1]
]
```

注意，是否能够优化你的算法，以便只使用 $O(k)$的额外空间。

【解析】

把上面的例子变一下型就清楚了。

```
[
 [1],
 [1,1],
 [1,2,1],
 [1,3,3,1],
 [1,4,6,4,1]
```

```
]
```

定义 T[i][j]为该三角形第 i 行，第 j 列的元素，所以可以获得递推函数为

```
T[i][j] = T[i-1][j] + T[i-1][j-1] if i>0 && j>0
        Or
            = 1  if i=0
        Or
            = T[i-1][j]  if j=0
```

在实现中，只需要用一个滚动数组即可，并不需要真的二维数组。不过在每一行的计算过程中，要从右往左计算，想想为什么？

【代码】

```
vector<int> getRow(int rowIndex) {
    vector<int> result;
    result.resize(rowIndex+2);
    for(int i =0; i< rowIndex+2; i++)
    result[i] = 0;
    result[1]=1;
    for(int i =0; i< rowIndex; i++)
    {
        //from right to left. avoid duplicate add
        for(int j =rowIndex+1; j>0; j--)
        {
            result[j] = result[j-1] + result[j];
        }
    }
    result.erase(result.begin());
    return result;
}
```

72. 路径加和

给定一个二叉树和一个和 *sum*，判断树是否有一个根到叶子的路径，其路径上所有值的加和等于给定的 *sum*。

例如，给定如下的二叉树和 *sum* = 22。

```
          5
         / \
        4   8
       /   / \
      11  13  4
     /  \      \
    7    2      1
```

返回 true。因为存在一个根到叶子的路径 5->4->11->2，其加和等于 22。

【解析】

对一个二叉树进行前序遍历，遍历过程中累加节点值，当到达任意叶节点的时候，进行判断，如果等于给定值，则返回，否则继续搜索。

【代码】

```
bool hasPathSum(TreeNode *root, int sum) {
     return hasPathSum(root, 0, sum);
}
bool hasPathSum(TreeNode *root, int sum, int target) {
   if(root == NULL) return false;
   sum += root->val;
 if(root->left == NULL && root->right == NULL) //leaf
   {
```

```
            if(sum == target)
                return true;
            else
                return false;
        }
        return hasPathSum(root->left, sum, target)
            || hasPathSum(root->right, sum, target);
    }
```

73. 路径加和 II

给定一个二叉树和一个和 *sum*，找出所有的根到叶子的路径，其路径上所有值的加和等于给定的 *sum*。

例如，给定如下的二叉树和 *sum* = 22。

```
          5
         / \
        4   8
       /   / \
      11  13  4
     /  \    / \
    7    2  5   1
返回
[
   [5,4,11,2],
   [5,8,4,5]
]
```

【解析】

逻辑和上一题是一致的，只不过需要加一段代码来保存路径。

【代码】

```
vector<vector<int>> pathSum(TreeNode *root, int sum) {
    vector<vector<int>> collect;
    vector<int> solution;
    if(root!=NULL)
        GetPath(root, sum, 0, solution, collect);
    return collect;
}
void GetPath(TreeNode* node, int sum, int cal,
    vector<int>& solution, vector<vector<int>>& collect)
{
    solution.push_back(node->val);
    cal += node->val;
    if(cal == sum
            && node->left == NULL
            && node->right == NULL)
    {
        collect.push_back(solution);
    }
    else
    {
        if(node->left != NULL)
        {
            GetPath(node->left, sum, cal, solution, collect);
        }
        if(node->right != NULL)
        {
            GetPath(node->right, sum, cal, solution, collect);
        }
    }
    solution.pop_back();
    return;
}
```

74. 变换

给定数字的一个集合，返回其所有可能的变换。

例如，[1,2,3]有如下的变换：

```
[1,2,3], [1,3,2], [2,1,3], [2,3,1], [3,1,2]和[3,2,1]。
```

【解析】

这是一道经典的用递归做深度优先搜索的题目，不过需要保存每一个元素的访问记录（第 25 行），以避免重复访问。

【代码】

```
1:  vector<vector<int>> permute(vector<int>&num) {
2:      vector<vector<int>> coll;
3:      vector<int> solution;
4:      if(num.size() ==0) return coll;
5:      vector<int> visited(num.size(), 0);
6:      GeneratePermute(num, 0, visited, solution, coll);
7:      return coll;
8:  }
9:
10:  void GeneratePermute(vector<int>& num, int step,
11:       vector<int>& visited,
12:       vector<int>& solution,
13:       vector<vector<int>>& coll)
14:  {
15:      if(step == num.size())
16:      {
```

```
            coll.push_back(solution);
            return;
        }
        for(int i =0; i< num.size(); i++)
        {
            // if this number already used, skip it
            if(visited[i] == 0)
            {
                visited[i] = 1;
                solution.push_back(num[i]);
                GeneratePermute(
                    num, step+1, visited, solution, coll);
                solution.pop_back();
                visited[i] =0;
            }
        }
    }

```

75. 变换 II

给定数字的一个集合，其中可能包含重复的元素，返回其所有可能的唯一的变换。

例如，[1,1,2]有如下的变换：

[1,1,2], [1,2,1]和 [2,1,1]。

【解析】

跟“变换”的解法一样，就是要考虑“去重”，以避免冗余计算。比如，输入数组为[1, 2, 3, 1, 5, 1]，在这个数组里面有三个 1，很明显，我们只需要对第一个 1 进行一次递归运算就可以了。如果能够简单地识别重复？可以先对输入数组进行排序，比如[1, 2, 3, 1, 5, 1] =>[1, 1, 1, 2, 3, 5]。那么在递归的过程中，对于每一个元素，检查其前面的元素是否和自己相等，相等的时候则表明当前的元素为冗余元素，没必要再计算排列了。

【代码】

```
vector<vector<int>> permuteUnique(vector<int>&num) {
    vector<vector<int>> coll;
    vector<int> solution;
    if(num.size() ==0) return coll;
    vector<int> visited(num.size(), 0);
    sort(num.begin(), num.end());
    GeneratePermute(num, 0, visited, solution, coll);
    return coll;
}

void GeneratePermute(vector<int>& num, int step,
    vector<int>& visited,
    vector<int>& solution,
    vector<vector<int>>& coll)
{
    if(step == num.size())
    {
        coll.push_back(solution);
        return;
    }
    for(int i =0; i< num.size(); i++)
    {
        if(visited[i] == 0)
        {
            visited[i] = 1;
            solution.push_back(num[i]);
            GeneratePermute(
```

```
                    num, step+1, visited, solution, coll);
                solution.pop_back();
                visited[i] =0;
                while(i< num.size()-1 && num[i] == num[i+1])
                    i++;
            }
        }
    }

```

76. 变换序列

集合[1,2,3,…,*n*] 一共包含了 n!中唯一的变换。通过依次列出和标记所有的变换，可以得到如下的序列（例如，对于 n=3）：

- "123"
- "132"
- "213"
- "231"
- "312"
- "321"

给定 *n* 和 *k*，返回第 *k* 个变换序列。

注意，给定的 *n* 将位于 1 和 9 之间，包括 1 和 9。

【解析】

首先，深度优先搜索肯定可以解决这个问题，但是这个不够完美。其实这道题有另一种数学的解法，假设有 *n* 个元素，第 *k* 个 permutation 是：

$$a_1,\ a_2,\ a_3,\ \ldots\ldots\quad \ldots,\ a_n$$

如果我们把 a_1 先去掉，看看剩下的 n-1 个数字

$$a_2,\ a_3,\ \ldots\ \ \ldots\ a_n$$

n-1 个元素共有(n-1)!组排列，那么这里就可以知道

$$a_1 = K_1 \ /\ (n-1)!K_1 = K$$

同理，a2 及剩下的数字的值可以推导出来

$$a_2 = K_2 \ /\ (n-2)!$$
$$K_2 = K_1 \ \%\ (n-1)!$$
$$\ldots\ldots.$$
$$a_{(n-1)} = K_{(n-1)} \ /\ 1!$$
$$K_{(n-1)} = K_{(n-2)} \ /2!$$
$$an = K(n-1)$$

【代码】

```
string getPermutation(int n, int k) {
     vector<int> nums(n);
     int permCount =1;
     for(int i =0; i< n; i++)
     {
         nums[i] = i+1;
         permCount *= (i+1);
     }
     // change K from (1,n) to (0, n-1) to accord to index
      k--;
      string targetNum;
```

```
    for(int i =0; i< n; i++)
    {
        permCount = permCount/ (n-i);
        int choosed = k / permCount;
        targetNum.push_back(nums[choosed] + '0');
        //restruct nums since one num has been picked
        for(int j =choosed; j< n-i; j++)
        {
            nums[j]=nums[j+1];
        }
        k = k%permCount;
    }
    return targetNum;
}
```

77. 加 1

给定一个数字，它表示数字的一个数组，给该数字加上 1。

【解析】

模拟加法过程，注意处理进位即可。

【代码】

```
vector<int> plusOne(vector<int>&digits) {
    int cary=1, sum =0;
    vector<int> result(digits.size(),0);
    for(int i = digits.size()-1; i>=0; i--)
    {
        sum = cary+digits[i];
        cary = sum/10;
        result[i] = sum%10;
    }
```

```
    if(cary >0)
    {
        result.insert(result.begin(), cary);
    }
    return result;
}
```

78. 填充每一个节点的 Next 右指针

给定一个二叉树。

```
struct TreeLinkNode {
  TreeLinkNode *left;
  TreeLinkNode *right;
  TreeLinkNode *next;
}
```

填充每一个 next 指针，使其指向下一个右边的节点。如果不存在右边的节点，next 指针应该设置为 NULL。

最初，所有的 next 指针都设置为 NULL。

注意，只能够使用常量级的额外空间。

可以假设这是一个完美二叉树（例如，所有的叶子都位于相同的层，并且每个父节点都有两个子节点）。

例如，给定如下的完美二叉树：

```
     1
    / \
   2   3
```

```
   / \  / \
  4  5  6  7
```

在调用了你的函数之后，这个树应该如下所示：

```
     1 -> NULL
    /  \
   2  -> 3 -> NULL
  / \  / \
 4->5->6->7 -> NULL
```

【解析】

题目已经说了，这是一个完美二叉树，这就完全简化了题目的难度。

对树进行递归，对于任意一个树节点 root（以#2 为例）：

- 链接其左子节点至右节点 (比如 4->5)，如下图所示。

```
   2    ->    3 -> NULL
  / \        / \
 4 -> 5 -> 6 -> 7 -> NULL
```

- 链接其右子节点到其兄弟节点。

  ○ 如果其兄弟节点 root->next 不为空，链接右子节点到其兄弟节点的左子节点(比如 5->6)

  ○ 如果兄弟节点 root->next 为空，指向空(比如 7->NULL)，如下图所示。

```
   2    ->    3 -> NULL
  / \        / \
 4 -> 5 -> 6 -> 7 -> NULL
```

【代码】

```
void connect(TreeLinkNode *root) {
    // Start typing your C/C++ solution below
    // DO NOT write int main() function
    if(root == NULL) return;
    if(root->left != NULL)
      root->left->next = root->right;
    if(root->right !=NULL)
      root->right->next = root->next? root->next->left:NULL;
    connect(root->left);
    connect(root->right);
}
```

79. 填充每一个节点的 Next 右指针 II

继续上一道题。如果给定树是任意的二叉树，会怎么样？之前的解决方案是否仍然有效？

注意，只能够使用常量级的额外空间。

例如，给定如下的二叉树：

```
      1
    /  \
   2    3
  / \    \
 4   5    7
```

在调用了你的函数之后，这个树应该如下所示：

```
      1 -> NULL
    /  \
   2 -> 3 -> NULL
  / \    \
 4-> 5 -> 7 -> NULL
```

【解析】

与上一题有很大的不同，因为题目不再保证是完美二叉树了。对于任意节点，如何要找到第一个有效的兄弟节点，才是这道题的挑战。比如这题的例子里面没有节点#6，为了找到#7，就需要通过遍历上一层节点来寻找。

【代码】

```
void connect(TreeLinkNode *root) {
    if(root== NULL) return;
    TreeLinkNode* p = root->next;
    while(p!=NULL)
    {
        if(p->left!=NULL)
        {
            p = p->left;
            break;
        }
        if(p->right!=NULL)
        {
            p = p->right;
            break;
        }
        p = p->next;
    }
    if(root->right!= NULL)
    {
        // link the right sub-node first
        root->right->next = p;
    }
    if(root->left !=NULL)
    {
        // then, link the left sub-node
        root->left->next = root->right? root->right:p;
    }
    connect(root->right);
    connect(root->left);
}
```

上面的代码是基于递归的实现，这个在大数据的时候，对内存有一定的要求。能否用非递归的方式来实现，从而做到 O（1）的额外空间复杂度呢？见下面的实现：

```
void connect(TreeLinkNode *root) {
    TreeLinkNode* cur = root, *next = NULL;
    while(cur!=NULL)
    {
        TreeLinkNode *p = cur, *k= NULL;
        while(p!=NULL)
        {
            TreeLinkNode* sub = getLinkedLeftNode(p);
            if(sub != NULL)
            {
                if(next == NULL)
                {
                    next = sub;
                    k = sub;
                }
                else
                    k->next = sub;
                while(k->next !=NULL) // iterate to the tail
                    k = k->next;
            }
            p = p->next;
        }
        cur = next;
        next = NULL;
    }
}
TreeLinkNode* getLinkedLeftNode(TreeLinkNode * root)
{
    if(root->left != NULL && root->right != NULL)
```

```
            root->left->next = root->right;
        if(root->left != NULL)
            return root->left;
        if(root->right != NULL)
            return root->right;
        return NULL;
    }
```

80. Pow(x, n)

实现 pow(*x*, *n*)。

【解析】

可以用二分法来解决：

如果 *n* 是偶数，pow(x, n) = pow(x, n/2) * pow(x, n/2)。

如果 *n* 是奇数，pow(x, n) = pow(x, n/2) * pow(x, n/2) *x。

注意处理 *n*<0 的情况。

【代码】

```
double power(double x, int n)
{
    if (n == 0)
        return 1;
    double v = power(x, n / 2);
    if (n % 2 == 0)
        return v * v;
    else
        return v * v * x;
```

```
}
double pow(double x, int n) {
    if (n < 0)
        return 1.0 / power(x, -n);
    else
        return power(x, n);
}
```

81. 从排序的数组中删除重复的元素

给定一个排序的数组，就地删除掉重复的元素，以便每个元素只出现一次，并且返回新的数组长度。

不要为另一个数组分配额外的空间，必须就地完成这一任务，使用常量级的内存。例如，给定输入数组 A = [1,1,2]，函数应该返回 length = 2，并且 A 现在是[1,2]。

【解析】

题目已经提到，这是一个有序数组，这一点降低了题目的难度。可以用双指针，一前一后扫描来解决这个问题。前面的指针用于遍历数组元素，而后面的指针用于维持非冗余数组的右边界。因为数组有序，所以前面的指针在扫描过程中，如果等于后面的指针的值，则是冗余数字，跳过，否则，将该元素插入到第一个指针后面，并将第一个指针的下标（右边界）加 1。

【代码】

```
int removeDuplicates(int A[], int n) {
    if(n ==0) return 0;
    int index = 0;
    for(int i =0;i<n; i++)
```

```
    {
        if(A[index] == A[i]) // duplicate, skip
        {
            continue;
        }
         index++; // non-duplicate, copy it to second pointer
         A[index] = A[i];
    }
    return index+1;
}
```

82. 从排序的数组中删除重复的元素 II

继续上一道题目。

如果重复的元素最多允许出现两次呢？例如，给定了排序的数组 A = [1,1,1,2,2,3]，你的函数应该返回 length = 5，并且 A 现在是[1,1,2,2,3]。

【解析】

加一个变量来记录字符出现次数即可，这题因为是已经排序的数组，所以一个变量即可解决。但是如果是没有排序的数组，可以引入一个哈希映射来处理出现次数。

【代码】

```
int removeDuplicates(int A[], int n) {
    if(n == 0) return 0;
    int occur = 1;
    int index = 0;
    for(int i =1; i< n; i++)
    {
```

```
            if(A[index] == A[i])
            {
                if(occur == 2)
                {
                    continue;
                }
                occur++;
            }
            else
            {
                occur =1 ;
            }
            A[++index] = A[i];
        }
        return index+1;
    }
```

83. 从排序的链表中删除重复元素

给定一个排序的链表，删除所有重复的元素，以便每一个元素只出现一次。

例如，给定了 1->1->2，返回 1->2。

给定了 1->1->2->3->3，返回 1->2->3。

【解析】

和第 81 题“从排序的数组删除重复的元素”一样，只不过把数据结构从数组换为链表。同样是双指针，不过注意链表操作。此外，对于丢弃的链表要删除以避免内存泄露。

【代码】

```
ListNode *deleteDuplicates(ListNode *head) {
    if(head == NULL) return NULL;
    ListNode * pre = head;
    ListNode *p = head->next;
    while(p!=NULL)
    {
        if(pre->val == p->val)
        {
            ListNode* temp = p;
             p = p->next;
             pre->next =p;
             // need delete the unused node. Or memory leak
             delete temp;
             continue;
         }
         pre = pre->next;
         p = p->next;
     }
     return head;
}
```

84. 从排序的链表中删除重复元素 II

给定一个排序的链表，删除所有拥有重复数字的节点，只保留最初链表中那些不同的数字。例如，

给定 1->2->3->3->4->4->5，返回 1->2->5。

给定 1->1->1->2->3，返回 2->3。

【解析】

本题稍微有点复杂。在上一道题里面，我们只需要删除冗余的数，而在这

道题里面，一旦发现数字有冗余，则从链表中删除所有出现的数字。对于题目中的第二个例子 {1->1->1->2->3}，头结点同样要删除。一般在链表的题中，为了避免添加一系列 ifelse 语句来处理头结点，可以添加一个 Safeguard 节点来做新的头结点，从而绕开这个特殊的情况。可以在程序结尾的时候在删除掉 Safeguard 节点。

【代码】

```
ListNode *deleteDuplicates(ListNode *head) {
    if(head == NULL) return head;
    ListNode *G = new ListNode(INT_MIN);
    G->next = head;
    ListNode *cur = G, *pre = head;
    while(pre!=NULL)
    {
        bool isDup = false;
        while(pre->next!=NULL
            && pre->val == pre->next->val)
         {
            isDup = true;
            ListNode *temp = pre;
            pre = pre->next;
            delete temp;
         }
         if(isDup)
         {
            ListNode *temp = pre;
            pre = pre->next;
            delete temp;
            continue;
         }
         cur->next = pre;
         cur = cur->next;
         pre= pre->next;
      }
      cur->next = pre;
      ListNode *temp = G->next;
      delete G;
```

```
    return temp;
}

```

85. 删除元素

给定一个数组和一个值，就地删除掉该值的所有实例，并且返回新的长度。元素的顺序可以改变。超出新长度的部分的内容是什么，无关紧要。

【解析】

很明显，还是一道双指针题。用一个下标 *A* 来遍历数组，用另一个下标 *B* 来维护新字符串（不包含指定字符）的右边界。假设题目要求移除所有大小为 *N* 的元素，在用下标 *A* 遍历数组的过程中，如果元素等于 *N*，则跳过，否则，则插入到下标 *B* 指向的位置，同时 *B* 的值加 1。

【代码】

```
int removeElement(int A[], int n, int elem) {
    int cur = 0;
    for(int i =0; i< n; i++)
    {
        if(A[i] == elem)
            continue;
        A[cur]=A[i];
        cur++;
    }
    return cur;
}
```

86. 删除从链表末尾开始的第 N 个节点

给定一个链表，从链表的末尾删除第 n 个节点并返回其头部节点。

例如

给定链表：1->2->3->4->5，并且 $n = 2$。

在删除掉从末尾开始的第 2 个节点之后，得到 1->2->3->5。

注意，给定的 n 将总是有效的。

尝试一次做到这一点。

【解析】

这是一道经典的双指针题。一个指针先走 n 步，然后两个指针一起走，当第一个指针走到终点的时候，第二个指针指向的元素即为所求。不过这里要注意头结点的处理，比如链表 1->2->NULL, n =2;在这种情况下，需要删除的就是头结点。

【代码】

```
ListNode *removeNthFromEnd(ListNode *head, int n) {
    ListNode* pre, *cur;
    pre = head;cur = head;
    int step = 0;
    while(step< n && cur!=NULL)
    {
        cur = cur->next;
        step++;
    }
    if(step ==n && cur == NULL)
    {
        head = head->next;
        delete pre;
```

```
            return head;
        }
        while(cur->next!=NULL)
        {
            pre = pre->next;
            cur = cur->next;
        }
        ListNode* temp = pre->next;
        pre->next = temp->next;
        delete temp;
        return head;
    }

```

87. 重新排序链表

给定单向链表 L: $L_0 \rightarrow L_1 \rightarrow \ldots \rightarrow L_{n-1} \rightarrow L_n$，将其重新排序为 $L_0 \rightarrow L_n \rightarrow L_1 \rightarrow L_{n-1} \rightarrow L_2 \rightarrow L_{n-2} \rightarrow \ldots$

必须就地做到这一点，不要改变节点的值。

例如，给定了{1,2,3,4}，将其重新排序为{1,4,2,3}。

【解析】

一般来说，对于链表问题，“就地”意味着在已有链表结构上通过拆分-合并解决特定问题。此题可以分成 3 步来做：

1. 通过双指针扫描，来找到中间节点，把链表分成前后两部分。

2. 把后半部链表翻转。

3. 把翻转后的后半链表和前半链表合并。

除了“拆分-合并”之外，还可以借助于哈希表。比如，在遍历链表的过程中，我们可以得到链表的长度，而根据该长度，可以预估出任一节点在新链表中的位置，并将这种位置关系存在哈希表中，然后再对哈希表做一次遍历，把树重构即可。不过哈希表需要额外的存储空间。

这里仅仅给出了“拆分-合并”的解法。

【代码】

```
void reorderList(ListNode *head) {
    if(head == NULL) return;
    // find the median node
    ListNode* fast = head;
    ListNode* slow = head;
    while(true)
    {
        fast = fast->next;
        if(fast == NULL)
            break;
        fast = fast->next;
        if(fast == NULL)
            break;
        slow = slow->next;
    }
    if(slow == NULL) return;
    // reverse second half of link list
    ListNode* cur = slow;
    ListNode* pre = slow->next;
    cur->next = NULL;
    while(pre!=NULL)
    {
        ListNode* temp = pre->next;
        pre->next = cur;
        cur = pre;
```

```
            pre = temp;
        }
        // merge two lists
        ListNode* first = head;
        ListNode* second = cur;
        while(second!= NULL&& first!=NULL && first!=second)
        {
            ListNode* temp = second->next;
            second->next = first->next;
            first->next = second;
            first = second->next;
            second = temp;
        }
    }
```

88. 还原 IP 地址

给定只包含数字的一个字符串，通过返回所有可能的 IP 地址组合来还原它。

例如，给定了"25525511135"，返回["255.255.11.135", "255.255.111.35"]。（顺序没关系）

【解析】

就是一个排列组合的问题，通过递归来遍历所有可能的解。对于 IP 地址，都知道它包含 4 个部分，每个部分都在区间[0,255]以内。不过在遍历的过程中，还要考虑一些边缘情况，比如 0 的问题，“0.10.10.1”是有意义的，而“0.10.010.1”是没有意义的。

【代码】

```
    vector<string> restoreIpAddresses(string s) {
```

```
        vector<string> col;
        string ip;
        partitionIP(s, 0, 0, ip, col);
        return col;
    }
    void partitionIP(string s, int startIndex, int partNum,
    string resultIp, vector<string>& col)
    {
        //max: 3 bits per partition
        if(s.size() - startIndex > (4-partNum)*3) return;
        //min: 1 bit per partition
        if(s.size() - startIndex < (4-partNum)) return;
        if(startIndex == s.size() && partNum ==4)
        {
            resultIp.resize(resultIp.size()-1);
            col.push_back(resultIp);
            return;
        }
        int num =0;
        for(int i = startIndex; i< startIndex +3; i++)
        {
            num = num*10 + (s[i]-'0');
            if(num<=255)
            {
                resultIp+=s[i];
                        partitionIP(s, i+1, partNum+1, resultIp+'.', col);
            }
            if(num ==0)//0.0.0.0 valid, but need to avoid 0.1.010.01
            {
                break;
            }
        }
    }
```

89. 整数翻转

翻转一个整数的数字。

示例 1：$x = 123$，返回 321

示例 2：$x = -123$，返回-321

在开始编写代码之前，有一些很好的问题要问。如果你思考过这些问题，那真是值得表扬了！如果整数的最后数字是 0，输出应该是怎样的。例如，10100 的情况。

是否注意到，翻转的整数可能会溢出？假设输入是一个 32 位的整数，那么，1000000003 的翻转就会溢出。如何处理这种情况？

抛出一个异常？好的，但是，如果抛出异常不是一个可选项呢？你可能必须重新设计函数（例如，添加一个额外的参数）。

【解析】

将整数中的数字一个一个地剥离出来，翻转即可。

【代码】

```
int reverse(int x) {
    int newN =0, left =0;
    while(x != 0)
    {
        left = x%10;
        newN = newN*10 + left;
        x = x/10;
```

```
    }
    return newN;
}
```

90. 翻转链表 II

将链表从 m 到 n 的位置进行翻转。就地操作，并且一个轮次中完成。

例如：

给定 1->2->3->4->5->NULL， $m = 2$ 且 $n = 4$。

返回 1->4->3->2->5->NULL。

注意，给 m, n 定满足如下的条件，$1 \leqslant m \leqslant n \leqslant$ 链表的长度。

【解析】

可以分 3 步完成：

1．找到 m 节点的前一个节点 pre（加一个 safeguard 可以避免处理头指针的情况）。

2．从 m 节点开始往后 reverse N 个节点（双指针实现，cur 和 post 指针）。

3．合并 pre 链表、cur 链表及 post 链表。

【代码】

```
ListNode *reverseBetween(ListNode *head, int m, int n) {
    int step = n-m;
    //intro a safe guard to avoid handle head case
    ListNode* safeG = new ListNode(-1);
```

```
    safeG->next = head;
    head = safeG;
    ListNode* pre = head;
    while(m>1)
    {
        pre=pre->next;
        m--;
    }
    ListNode* cur = pre->next, *post = cur->next;
    if(step>=1)
    {
        // Reverse the list after m
        while(step>0 && post!=NULL)
        {
            ListNode* temp = post->next;
            post->next = cur;
            cur = post;
            post = temp;
            step--;
        }
        // link the 3 lists together
        ListNode* temp = pre->next;
        pre->next = cur;
        temp->next = post;
    }
    safeG = head;  // remove safeG
    head = head->next;
    delete safeG;
    return head;
}

```

91. 以 k 为一组翻转节点

给定一个链表，每次翻转链表中的 k 个节点，并且返回修改后的链表。

如果节点的总的数目并非 k 的倍数，最后剩下的节点保持原样不变。

不能修改节点中的值。只允许使用常数级的内存。

例如，给定链表：1->2->3->4->5。

对于 $k=2$，应该返回 2->1->4->3->5。

对于 $k=3$，应该返回 3->2->1->4->5。

【解析】

同上一题，从左往右遍历，每遍历 k 个元素，将这 k 个元素翻转一次。最后一次如果元素不足 k 个，再翻转回来即可。

【代码】

负责链表翻转的代码可以拆分成单独函数，这里主要为了保持可读性。

```
ListNode *reverseKGroup(ListNode *head, int k) {
    ListNode* safeG = new ListNode(-1);
    safeG->next = head;
    if(head == NULL || k==1) return head;
    ListNode* pre = safeG, *cur = head, *post = head->next;
    while(cur!=NULL)
    {
        post = cur->next;
        int i =0;
        while(i<k-1 && post!=NULL)
        {
            ListNode *temp = post->next;
            post->next = cur;
            cur = post;
            post = temp;
```

```
                i++;
            }
            if(i!=k-1)
            {
                int k =0;
                ListNode * temp = post;
                post = cur;
                cur = temp;
                while(k<i)
                {
                    temp = post->next;
                    post->next = cur;
                    cur = post;
                    post = temp;
                    k++;
                }
                break;
            }
            ListNode* temp = pre->next;
            pre->next = cur;
            temp->next = post;
            pre = temp;
            cur = pre->next;
        }
        head = safeG->next;
        delete safeG;
        return head;
}

```

92. 从罗马数字转换为整数

给定一个罗马数字，将其转换为一个整数。

输入要保证在 1 到 3999 的范围之内。

【解析】

从前往后扫描，用一个临时变量记录分段数字。

- 如果当前字符比前一个字符大，说明这一段的值应该是当前这个值减去上一个值。比如 IV = 5−1。
- 否则，将当前值加入到结果中，然后开始下一段记录。比如 VI = 5 + 1，II=1+1。

【代码】

```
inline int c2n(char c) {
    switch(c) {
    case 'I': return 1;
    case 'V': return 5;
    case 'X': return 10;
    case 'L': return 50;
    case 'C': return 100;
    case 'D': return 500;
    case 'M': return 1000;
     default: return 0;
     }
 }

 int romanToInt(string s) {
     int result=0;
     for(int i =0; i< s.size(); i++)
     {
         if(i>0&& c2n(s[i]) > c2n(s[i-1]))
         {
             result +=(c2n(s[i]) - 2*c2n(s[i-1]));
         }
         else
         {
             result += c2n(s[i]);
         }
     }
```

```
        return result;
}
```

93. 旋转图像

给定一个 $n \times n$ 2D 矩阵，它表示一幅图像。将该图像旋转 90 度（沿顺时针方向）。

扩展：你能就地完成这一操作吗？

【解析】

如下图所示，首先沿逆对角线翻转一次，然后按 x 轴中线翻转一次。

1，2　　4，2　　3，1
3，4　　3，1　　4，2

【代码】

```
void rotate(vector<vector<int>>&matrix) {
    int len = matrix[0].size();
    for(int i =0; i<len-1; i++)
    {
        for(int j=0;j<len-i;j++)
        {
            swap(matrix[i][j], matrix[len-1-j][len-1-i]);
        }
    }
     for(int i =0; i<len/2; i++)
     {
         for(int j=0;j<len;j++)
         {
             swap(matrix[i][j], matrix[len-i-1][j]);
         }
     }
}
```

```
void swap(int& a1, int&a2)
{
    int temp = a1;
    a1=a2;
    a2=temp;
}
```

94. 旋转链表

给定一个链表，将该链表向右旋转 *k* 个位置，其中 *k* 是非负数。

例如：

给定 1->2->3->4->5->NULL 并且 *k*=2。

返回 4->5->1->2->3->NULL。

【解析】

首先从头节点开始跑，直到最后一个节点，这时可以得出链表长度 len。然后将尾指针指向头指针，将整个链表形成环，接着往前跑 len−k%len，从这里断开，就是要求的结果了。

【代码】

```
ListNode *rotateRight(ListNode *head, int k) {
    if(head == NULL || k ==0) return head;
    int len =1;
    ListNode* p = head,*pre;
    while(p->next!=NULL)
    {
        p = p->next;
        len++;
    }
```

```
        k = len-k%len;
        p->next = head;
        int step =0;
        while(step< k)
        {
            p = p->next;
            step++;
        }
        head = p->next;
        p->next = NULL;
        return head;
}
```

注意，*k* 大于 len 的可能。

95. 搜索一个 2D 矩阵

编写一个高效的算法，从一个 $m \times n$ 矩阵中搜索一个值。这个矩阵具有如下的属性：

每一行中的整数，都是从左到右排序的。

每一行中的第一个整数都比前一行的最后一个整数更大。

例如，考虑如下的矩阵：

```
[
  [1,   3,  5,  7],
  [10, 11, 16, 20],
  [23, 30, 34, 50]
]
```

给定 **target** = 3，返回 true。

【解析】

有两种解题方法：

- 做两次二分搜索就好了，首先二分第一列，找出 target 所在的行，然后再二分该行，找出所在的列。

- 以一维数组的思维来思考。如果该二维数组扁平化的话，其对应的一维数组是[1, 3, 5, 7, 10, 11, 16, 20, 23, 30, 34, 50]，如果在该一维数组上进行二分搜索的话，一次就可以找到。在实现过程中，需要注意二维数组和一维数组的坐标转换。

这里仅提供第一种解法的实现。将第二种解法作为思考题留给读者。

【代码】

```
bool searchMatrix(vector<vector<int>>&matrix, int target) {
    int row = matrix.size();
    if(row ==0) return false;
    int col = matrix[0].size();
    if(col ==0) return false;
    if(target< matrix[0][0]) return false;
    int start = 0, end = row-1;
    while(start<= end)
    {
        int mid = (start+end)/2;
        if(matrix[mid][0] == target)
            return true;
        else if(matrix[mid][0] < target)
            start = mid+1;
        else
```

```
                end = mid-1;
        }
        int targetRow = end;
        start =0;
        end = col-1;
        while(start <=end)
        {
            int mid = (start+end)/2;
            if(matrix[targetRow][mid] == target)
                return true;
            else if(matrix[targetRow][mid] < target)
                start = mid+1;
            else
                end = mid-1;
        }
        return false;
}
```

96. 搜索一个范围

给定一个排序的整数的数组，找出给定的目标值的开始位置和结束位置。

算法的运行时间复杂度应该是 O(log n)级别的。

如果在数组中没有找到目标值，返回[-1, -1]。

例如，给定 [5, 7, 7, 8, 8, 10]，并且目标值为 8，返回[3, 4]。

【解析】

做两次二分就可以了，第一次二分找出最左边的边界，第二次二分找出最右边的边界，这样，无论平均还是最差，时间复杂度都是 O(lg*n*)。

【代码】

```
vector<int> searchRange(int A[], int n, int target) {
    vector<int> result;
    result.push_back(-1);
    result.push_back(-1);
    // find the low bound of the range, O(lgn)
    int start =0, end =n-1;
    while(start < end)
    {
        int mid = (start + end)/2;
         if(A[mid] < target)
         {
             start = mid + 1;
             continue;
         }
         end = mid;
     }
     int low_bound = A[start] == target? start:-1;
     if(low_bound == -1)
     {
         return result;
     }
     // find the high bound of the range, O(lgn)
     start =low_bound, end =n;
     while(start < end)
     {
         int mid = (start + end)/2;
         if(A[mid] > target)
         {
             end = mid;
             continue;
```

```
            }
            start = mid+1;
        }
        int high_bound = start-1;
        result.clear();
        result.push_back(low_bound);
        result.push_back(high_bound);
        return result;
}
```

97. 在旋转后的排序数组中搜索

假设排序后的数组事先沿着你不知道的某个轴旋转过(如 0 1 2 4 5 6 7 可能变成了 4 5 6 7 0 1 2)。给定一个目标值去搜索。如果在数组中找到了它，返回其索引，否则，返回-1。

你可以假设数组中不存在重复的值。

【解析】

同样是二分，难度主要在于左右边界的确定。需要结合两个不等式：

1. A[m] ? A[left]

2. A[m] ? target

来区分如下 3 种情况：

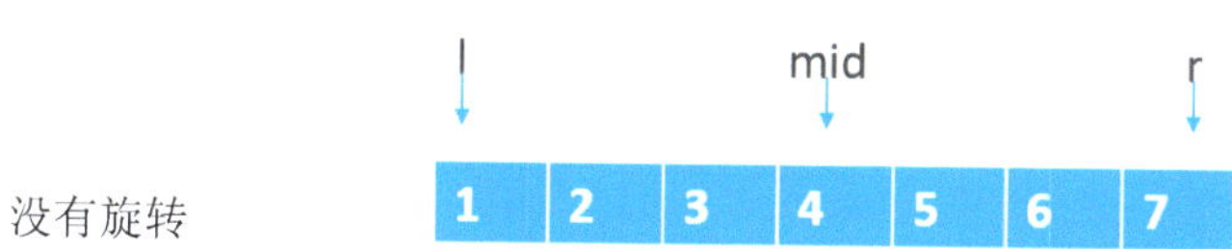

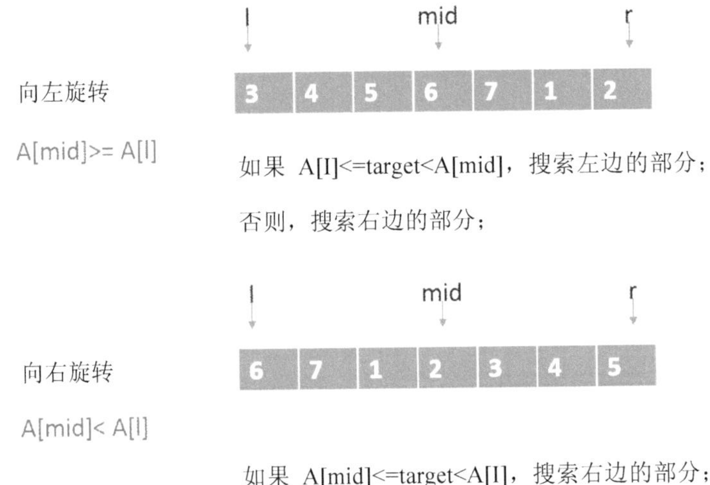

如果 A[l]<=target<A[mid]，搜索左边的部分；

否则，搜索右边的部分；

如果 A[mid]<=target<A[l]，搜索右边的部分；

否则，搜索左边的部分；

【代码】

```
int search(int A[], int n, int target) {
    int l = 0, r = n-1;
    while(l<=r)
    {
        int m = (l+r)/2;
        if(A[m] == target) return m;
        if(A[m]>= A[l])
        {
            // target 5 in {4,5,6,2,3}
            if(A[l]<=target && target<= A[m])
                r=m-1;
            else
                l = m+1;
        }
        else
        {
            // target 2 in {5,0,1,2,3}
            if(A[m] < target && target< A[l])
                l = m+1;
```

```
                else
                    r = m-1;
            }
        }
        return -1;
    }
```

98. 在旋转后的排序数组中搜索 II

继续上一道题：

如果允许重复的值，会怎么样呢？

这会影响到运行时复杂度吗？如何影响的，又是为什么呢？编写一个函数，来判断数组中是否有一个给定的目标值。

【解析】

冗余数字确实将该题复杂化了。比如上一题中，我们有个假设，当A[m]>=A[l]，那么[l,m]为递增序列的。这个假设在本题中就不成立了。所以，需要另辟蹊径来强化该假设，比如拆分成两个子条件：

1. A[m]>A[l] 递增。

2. A[m] ==A[l]确定不了，那就 l++，往下看一步即可。

【代码】

```
    bool search(int A[], int n, int target) {
        int start = 0;
        int end = n-1;
        while(start <= end)
        {
```

```
            int mid = (start+end)/2;
            if(A[mid] == target) return true;
            if(A[start] < A[mid])
            {
                if(target>=A[start] && target<A[mid])
                    end = mid-1;
                else
                    start = mid+1;
            }
            else if(A[start] > A[mid])
            {
                if(target>A[mid] && target<=A[end])
                    start = mid+1;
                else
                    end = mid-1;
            }
            else //skip duplicate one, A[start] == A[mid]
                start++;
        }
        return false;
    }
```

99. 搜索插入位置

给定一个排序的数组和一个目标值，如果找到目标值的话，返回其索引。如果没有找到，返回应该插入它的位置的索引。

你可以假设数组中没有重复的值。

如下是几个示例：

```
[1,3,5,6], 5→2
[1,3,5,6], 2→1
[1,3,5,6], 7→4
[1,3,5,6], 0→0
```

【解析】

经典的二分搜索题。不过需要额外的判断（如第 7 行和第 8 行代码）来确定插入处的下标。

【代码】

```
1:  int searchInsert(int A[], int n, int target) {
2:      int l=0, r=n-1;
3:      while(l<=r)
4:      {
5:          int mid = (l+r)/2;
6:          if(A[mid] == target) return mid;
7:          if(mid>l && A[mid]>target && A[mid-1]<target )
8:              return mid;
9:          if(A[mid] > target)
10:             r= mid-1;
11:          else
12:             l=mid+1;
13:      }
14:      return l;
15: }
```

100. 序列化和反序列化一个树

这是一道非常常见的面试题。假设有一个树，如何将其序列化到文件中，又如何将其从文件反序列化回来呢？例如

```
         1
      /     \
    2         3
     \       /
      4     5
     /       \
    6         7
```

【解析】

一个比较简单直接的做法是，通过前序遍历来做，把所有空节点当做“#”来标示。那么这棵树可以表示为

```
                 1
              /      \
            2          3
          /   \      /   \
        #       4   5      #
              /      \
            6          7
          /   \      /  \
        #       #   #    #
```

那么前序遍历的结果就是：{'1','2','#','4','6','#','#','7','#','#', '3','5','#','#','#'};

```
void Serialize(TreeNode * node, vector<char>&output)
{
    if(node == NULL)
    {
        output.push_back('#');
        return;
    }
    output.push_back(node->val + '0');
    Serialize(node->left, output);
    Serialize(node->right, output);
}
```

而反序列化的代码也一样，基于前序遍历来构造树：

```
TreeNode *Deserialize(vector<char> output, int &index)
{
    if(index > output.size()
            || output[index] == '#') return NULL;
    TreeNode *node = new TreeNode(output[index] -'0');
```

```
        index ++;
        node->left = Deserialize(output, index);
        index++;
        node->right = Deserialize(output, index);
        return node;
    }
```

【思考】

可以通过中序/后序遍历来做序列化和反序列化吗？按层来遍历呢？

101. 设置矩阵为 0

给定一个 $m\times n$ 矩阵，如果其一个元素为 0，将其整个行和列都设置为 0。就地完成此操作。

扩展：

你使用了额外的空间吗？

一种直接的解决方法是使用 $O(mn)$的空间复杂度，这可能是一种糟糕的想法。简单的改进是使用 $O(m+n)$的空间复杂度，但是，这仍然不是最佳的解决方案。

你能设计一种常量级空间的解决方案吗？

【解析】

解题点就在于清空标志位存在哪里。可以创建 $O(m+n)$的数组来存储，但此题是希望复用已有资源。这里可以选择第一行和第一列来存储标志位。

1. 先确定第一行和第一列是否需要清零。

2. 扫描剩下的矩阵元素，如果遇到了 0，就将对应的第一行和第一列上的元素赋值为 0。

3. 根据第一行和第一列的信息，已经可以决定生下的矩阵元素中哪些需要设为 0。

4. 根据 1 中确定的状态，处理第一行和第一列。

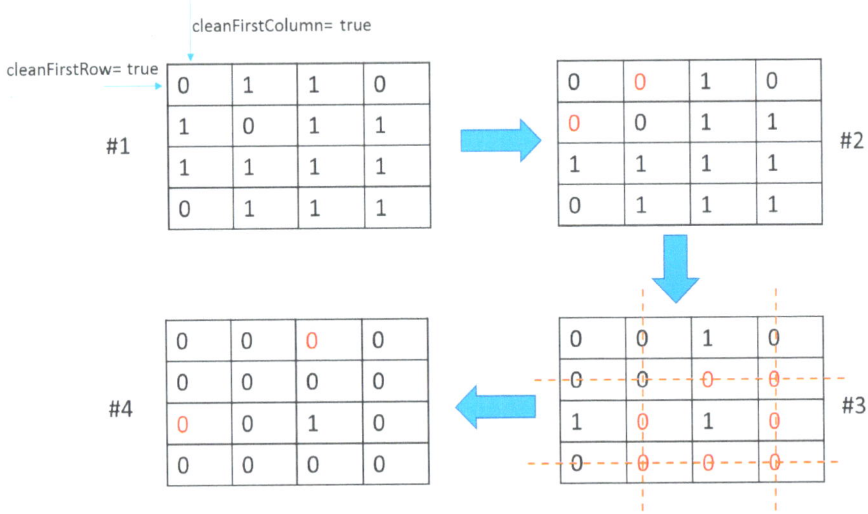

【代码】

```
void setZeroes(vector<vector<int>>&matrix) {
    assert(matrix.size()>0);
    int row = matrix.size(), col = matrix[0].size();
    bool zerorow=false, zerocol=false;
    for(int i = 0; i< col; i++)
        if(matrix[0][i] ==0)
            zerorow = 1;
    for(int i = 0; i< row; i++)
```

```
            if(matrix[i][0] ==0)
                zerocol=1;
        for(int i =1; i < row; i++)
            for(int j = 1; j<col; j++)
                if(matrix[i][j] ==0)
                {
                    matrix[0][j] =0;
                    matrix[i][0] =0;
                }
        for(int i =1; i < row; i++)
            for(int j = 1; j<col; j++)
                if(matrix[i][0] ==0 || matrix[0][j] ==0)
                    matrix[i][j] =0;
        if(zerorow ==1)
            for(int i =0; i< col; i++)
                matrix[0][i] =0;
        if(zerocol==1)
            for(int i =0; i< row; i++)
                matrix[i][0] =0;
}
```

102. 简化路径

给定一个文件的绝对路径（UNIX 风格的），简化它。

例如，

```
path = "/home/", => "/home"
path = "/a/./b/../../c/", => "/c"
```

边界情况：

是否考虑到了 **path** = "/../"的情况？在这种情况下，应该返回"/"。

另一种边界情况是，路径可能包含了多个在一起的斜杠'/'，例如 "/home//foo/"。在这种情况下，应该忽略掉多余的斜杠，并且返回"/home/foo"。

【解析】

利用栈的特性，如果当前字符元素：

1. 等于“/”，跳过，直接开始处理下一个字符。

2. 等于“.”，什么都不需要干，直接开始处理下一个字符。

3. 等于“..”，弹出栈顶元素，处理下一个字符。

4. 等于其他，插入当前字符为新的栈顶，处理下一个字符。

最后，再根据栈的内容，重新拼路径。这样可以避免处理连续多个“/”的问题。

【代码】

```
string simplifyPath(string path) {
    vector<string> stack;
    assert(path[0]=='/');
    int i=0;
    while(i< path.size())
    {
        //skip the begining '////'
        while(path[i] =='/' && i< path.size()) i++;
        if(i == path.size())
            break;
         int start = i;
         //decide the end boundary
         while(path[i]!='/' && i< path.size()) i++;
         int end = i-1;
```

```
            string element = path.substr(start, end-start+1);
            if(element == "..")
            {
                if(stack.size() >0)
                    stack.pop_back();
            }
            else if(element!=".")
                stack.push_back(element);
        }
        if(stack.size() ==0) return "/";
        string simpPath;
        for(int i =0; i<stack.size(); i++)
            simpPath += "/" + stack[i];
        return simpPath;
}
```

103. 单个数字

给定整数的一个数组，每个元素都出现两次，只有一个是例外的。找出这个单个的数字。

注意，你的算法应该有一个线性的运行复杂度。你是否可以不使用额外的内存来实现该算法？

【解析】

简单地说，就是找寻一种方法可以过滤所有出现两次的元素，那么剩下的那一个即为所求。

这里可以通过位操作来解决，任意两个相同的数如果做异或（Exclusive OR）运算的话，结果为 0。所以，本题的解法也很简单，从 0 开始到 n，一路异或下去，最后剩下的值就是所求。

【代码】

```
int singleNumber(int A[], int n) {
    int left = A[0];
    for(int i =1; i< n; i++)
    {
        left = left ^ A[i];
    }
    return left;
}
```

104．单个数字 II

给定整数的一个数组，每个元素都出现 3 次，只有一个是例外的。找出这个单个的数字。

注意，你的算法应该有一个线性的运行复杂度。你是否可以不使用额外的内存来实现该算法？

【解析】

题目说了，除了一个数字以外，其他的都出现了 3 次，所以想用异或取巧是不行了。如果我们把那个特殊的数剔除，并把剩下的数分解到 32 个位上，统计每一个位上的 1，每一位上的 1 出现的次数必然都是 3 的倍数。所以，解法就在这里，将每一位数字按位累加，然后将最后结果每一个位上的 1 出现的次数对 3 取模，剩下的就是结果。

【代码】

```
int singleNumber(int A[], int n) {
    vector<int> bit(32,0);
```

```
    for(int i =0; i< n; ++i)
    {
        int k=1;
        for(int j =0; j<32; ++j)
        {
            int rotated;
            if((rotated = A[i]>>j) == 0) break;
             bit[j] += rotated & k;
         }
     }
     int target=0;
     for(int i =0; i<32; ++i)
     {
         target += (bit[i]%3 <<i);
     }
     return target;
}
```

105. 排序颜色

给定拥有 n 个对象的一个数组，这些对象分别为红色、白色或蓝色，对它们排序以使得具有相同颜色的对象是相邻的，颜色按照红色、白色和蓝色排序。

这里，我们将使用整数 0、1 和 2 来分别表示红色、白色和蓝色。

注意，假设使用该库的排序函数来解决这个问题。

扩展：

一个相当直接的解决方案是，使用计数排序的两轮次算法。

首先，遍历数组并统计 0、1 和 2 的数目，然后，使用 0 的数目那么多个 0，然后是 1 的数目那个多个 1，以及 2 的数目那么多个 2，来覆盖数组。

你能提出一种一轮次的算法，并且使用常量级的空间吗？

【解析】

用计数排序是比较直观的想法，不过但是计数排序需要两边扫描，第一遍统计红、白、蓝的数目，第二遍生成新数组。

考虑到题目要求一轮次解决问题，所以要采用类似于双指针的方法。用两个下标变量分别记录红色和蓝色元素的新边界，两个下标分别从首尾往中间扫。

比如，

```
$redIndex=0
$blueIndex=N-1
```

从左至右扫描数组：

- 如果发现红色对象，将该红色对象与$redIndex 指向的对象互换，然后$redIndex 后移一位。

- 如果发现蓝色对象，将该蓝色对象与$blueIndex 指向的对象互换，然后$blueIndex 前移一位。

- 如果发现白色元素，什么都不做，继续扫描下一个数组元

这样扫描一遍下来，就可以得到一个排好序的数组。

【代码】

```
void sortColors(int A[], int n) {
    // Start typing your C/C++ solution below
    // DO NOT write int main() function
    int redSt-0, bluSt=n-1;
```

```
        int i=0;
        while(i<bluSt+1)
        {
            if(A[i]==0)
            {
                std::swap(A[i],A[redSt]);
                redSt++;
                i++;   //move scan index together with red
index
                continue;
            }
            if(A[i] ==2)
            {
                std::swap(A[i],A[bluSt]);
                bluSt--;   //only move blue index
                continue;
            }
            i++;
        }
    }
```

106. 排序链表

使用常量级空间复杂度和 O(n log n)的时间复杂度来排序一个链表。

【解析】

O($n$lg$n$)的排序算法没几个，无非就是快速排序、堆排序和合并排序。对于链表排序来说，难点之一就是如何用 O(1)的时间复杂度来定位节点。如果是数组，那么可以通过下标直接找到节点，但是对于链表，很明显没有下标可以用，如果需要定位到第 k 个元素，只能从节点头部顺序的访问 k 次，但是，如果排序中每一个定位操作都要这样做的话，就太慢了。

所以，问题其实就是，如何能够节省链表节点的定位时间。如果采用合并排序的话，就可以通过递归的特性来避免这个时间损耗。例如，

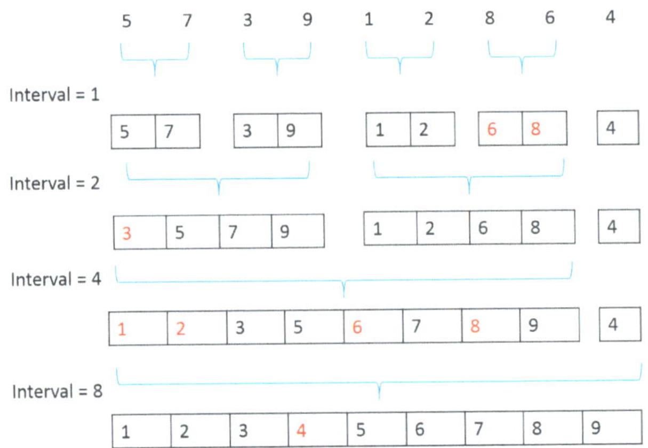

【代码】

```
ListNode *sortList(ListNode *head) {
    // Get length first
    ListNode* p = head;
    int len = 0;
    while (p != NULL)
    {
        p = p->next;
        len++;
    }
     ListNode* fakehead = new ListNode(-1);
     fakehead->next = head;
     for (int interval = 1; interval <= len; interval = interval * 2)
     {
         ListNode* pre = fakehead;
         ListNode* slow = fakehead->next,
                 *fast = fakehead->next;
         while (fast != NULL || slow != NULL)
```

```
        {
            int i = 0;
            while (i< interval && fast != NULL)
            {
                //move fast pointer ahead 'interval' steps
                fast = fast->next;
                i++;
            }
            //merge two lists, each has 'interval' length
            int fvisit = 0, svisit = 0;
            while (fvisit < interval
                && svisit<interval
                && fast != NULL && slow != NULL)
            {
                if (fast->val < slow->val)
                {
                    pre->next = fast;
                    pre = fast;
                    fast = fast->next;
                    fvisit++;
                }
                else
                {
                    pre->next = slow;
                    pre = slow;
                    slow = slow->next;
                    svisit++;
                }
            }
            while (fvisit < interval && fast != NULL)
            {
                pre->next = fast;
                pre = fast;
                fast = fast->next;
                fvisit++;
            }
```

```
                while (svisit < interval && slow != NULL)
                {
                    pre->next = slow;
                    pre = slow;
                    slow = slow->next;
                    svisit++;
                }
                pre->next = fast;
                slow = fast;
            }
        }
        ListNode* newhead = fakehead->next;
        delete fakehead;
        return newhead;
    }
```

107. Sqrt(x)

实现 int sqrt(int x)。

计算并返回 *x* 的平方根。

【解析】

两种方法可以做：

- 二分法（代码示例一）。但是这道题有意思的是，二分过程中终止条件是什么？因为整数的乘法有可能导致溢出，而这种溢出的检测跟整数加法直接判断是否小于 0 是不同的，因为整数的乘法有可能引起多次溢出，当奇数次溢出时是负数，但是偶数次溢出时就又变回正数了，比如 2147395599 如果用是否小于 0 来终止二分的话，它的平方根会返回 617921965，而不是 46339。所以，确定二分的终点比较重要，在运算中想通过是否小于 0 来判断溢出，是不可靠的，最好的办法就是在二分之前，要求 end 小于 sqrt(INT_MAX)。sqrt(INT_MAX) 是个常量，所以不算作弊。

牛顿迭代法（代码示例二）。在迭代的过程中，要注意迭代溢出的问题（第 15 行和第 16 行代码）。如果没有这段逻辑，在测试 2147395599 的时候，会返回 46340，而不是 46339。

【代码】

示例一

```
int sqrt(int x) {
    int start =0, end;
    end= x/2<std::sqrt(INT_MAX)?
            x/2+1:std::sqrt(INT_MAX);
    while(start<= end)
    {
        int mid = (start+end)/2;
        int sqr = mid*mid;
        if(sqr ==x)
         {
             return mid;
         }
         if(sqr<x)
         {
             start = mid+1;
         }
         else
         {
             end = mid-1;
         }
     }
     return (start+end)/2;
}
```

示例二

```
const float EPS = 0.000000001;
int sqrt(int x) {
    // Start typing your C/C++ solution below
    // DO NOT write int main() function
    if(x==0) return x;
    float dividend = x;
    float val = x;//final
    float last;//previous value
    do
     {
         last = val;
         val =(val + dividend/val) / 2;
     }while(abs(val-last) > EPS);
     int result = val;
     if(result * result > x)
         result--;
     return result;
   }
```

108. 字符串转换为整数

实现 atoi 函数将一个字符串转换为一个整数。

提示：仔细考虑所有可能的输入情况。如果想要挑战自己，请不要看下面的内容，并问自己输入情况有哪些可能性。

注意，本题的特殊的含糊性是有意的（例如，没有给定输入的具体情况）。你自己负责提前收集所有的输入要求。

atoi 函数的要求：

该函数首先丢弃必要的空格字符，直到遇到第一个非空格的字符。然后，从该字符开始，接受一个可选的、初始的加号或减号，后面跟着尽可能多的数值数字，并且将其解释为一个数字值。

在构成整数数字的字符串之后，该字符串还可以包含其他的字符，这些字符会被忽略掉，并且不会影响到函数的操作。

如果 str 中的第 1 个非空白的字符的序列不是一个有效的整数数字，或者如果由于 str 为空或者 str 只包含空白字符，从而不存在这样的序列，那么，不执行任何转换。

如果没有执行有效的转换，将会返回一个零值。如果正确的值超出了所能够表示的值的范围，返回 INT_MAX (2147483647) 或 INT_MIN (-2147483648)。

【解析】

本题主要考察思维的全面性。注意几个用例：

实现细节题。注意几个测试用例：

1. 不规则输入，但是有效。

```
"-3924x8fc", "  +  413",
```

2. 无效格式。

```
 " ++c", " ++1"
```

3. 溢出数据。

```
"2147483648"
```

【代码】

```
int atoi(const char *str) {
    int num=0;
    int sign =1;
    int len = strlen(str);
    int i =0;
    while(str[i] == ' ' && i< len) i++;
    if(str[i] == '+') i++;
    if(str[i] == '-')
    {
        sign = -1;
        i++;
    }
    for(;i<len; i++)
    {
        if(str[i] == ' ') break;
        if(str[i]<'0' || str[i] > '9') break;
        if(INT_MAX/10 < num
                || INT_MAX/10 == num
                && INT_MAX%10 < (str[i] -'0'))
        {
            return sign == -1 ? INT_MIN : INT_MAX;
            break;
        }
        num = num*10 + str[i] -'0';
    }
    return num*sign;
}
```

109. 子集

给定不同的整数的一个集合 S，返回所有可能的子集。

注意，一个子集中的元素必须是非降序排列的。

解决方案不能包含重复的子集。

例如，如果 $S = [1,2,3]$，一个解决方案是：

```
[
  [3],
  [1],
  [2],
  [1,2,3],
  [1,3],
  [2,3],
  [1,2],
  []
]
```

【解析】

这个就是排列组合中的排列问题。递归如下逻辑：

对于输入字符串 s 的每一位字符。

选取该字符到子集合中并输出。

如果，当前字符不是最后一位字符，递归调用 Generate，处理下一位字符。

【代码】

```
vector<vector<int>> subsets(vector<int>&S) {
    vector<vector<int>> result;
    vector<int> output;
    if(S.size() ==0) return result;
    result.push_back(output); // the empty set
    sort(S.begin(), S.end());
    generateSub(S, 0, result, output);
```

```
}
void generateSub(
        vector<int>&s,
        int step,
        vector<vector<int>>&result,
        vector<int>& output)
 {
        for(int i = step;i<s.size(); i++ )
        {
            output.push_back(s[i]);
            result.push_back(output);
            if(i< s.size()-1)
                generateSub(s, i+1, result, output);
            output.pop_back();
        }
 }
```

110. 子集 II

给定整数的一个集合 S，其中可能包含重复的值，返回所有可能的子集。

注意，一个子集中的元素必须是非降序排列的。

解决方案不能包含重复的子集。

例如，如果 $S = [1,2,2]$，一个解决方案是：

```
[
  [2],
  [1],
  [1,2,2],
  [2,2],
  [1,2],
  []
]
```

【解析】

和上一题的思路是一样的，区别只在于如何“去重”。见代码第 23 行和第 24 行，对于当前字符，如果下一个字符与之相等，则作为重复字符过滤掉。

【代码】

```
1:  vector<vector<int>> subsetsWithDup(vector<int>&S) {
2:      vector<vector<int>> result;
3:      vector<int> output;
4:      if(S.size() ==0) return result;
5:      result.push_back(output);
6:      sort(S.begin(), S.end());
7:      generateSub(S, 0, result, output);
8:  }
9:
10: void generateSub(
11:     vector<int>&s,
12:     int step,
13:     vector<vector<int>>&result,
14:     vector<int>& output)
15: {
16:     for(int i = step;i<s.size(); i++ )
17:     {
18:         output.push_back(s[i]);
19:         result.push_back(output);
20:         if(i< s.size()-1)
21:             generateSub(s, i+1, result, output);
22:         output.pop_back();
23:         while(i<s.size()-1 && s[i] == s[i+1])
24:             i++;
25:     }
26: }
27:
```

111. 对根到叶子的数字求和

给定一个二叉树，其中只包括 0-9 的数字，从根到叶子的每一条路径，都可以表示一个数字。

从根到叶子的路径的一个示例是 1->2->3，它表示数字 123。

找出从根到叶子的数字的总的加和。

例如

```
    1
   / \
  2   3
```

从根到叶子的路径 1->2 表示数字 12。

从根到叶子的路径 1->3 表示数字 13。

返回 sum = 12 + 13 = 25。

【解析】

这道题和第 15 题“二叉树最大路径和”类似，区别在于，本题把所有路径表示的数进行加和。

【代码】

```
int sumNumbers(TreeNode *root) {
    int sum=0, path =0;
    GenerateSum(root, sum, path);
    return sum;
```

```
}
void GenerateSum(TreeNode *root, int& sum, int path)
{
    if(root == NULL) return;
    path = path*10 +root->val;
     if(root->left == NULL && root->right == NULL)
     {
         sum+=path;
         return;
     }
     GenerateSum(root->left, sum, path);
     GenerateSum(root->right, sum, path);
}
```

112. 包围的区域

给定一个 2D 棋盘，其中包含了'X'和'O'，捕获被'X'包围的所有区域。区域被捕获之后，将包围的区域中的所有的'O'都翻转成'X'。

例如，

```
X X X X
X O O X
X X O X
X O X X
```

在运行了你的函数之后，棋盘变为：

```
X X X X
X X X X
X X X X
X O X X
```

【解析】

首先，可以考虑广度优先搜索，对于每一个 O，扫描其相邻节点，然后标识之，如果一个连通区域中有任何一个 O 在边界上，则保留之，否则清除该连通区域。

注意一点，既然知道连通区域必须至少一个元素在 4 个边上，那么一开始就从 4 个边上开始扫描就好了，所有从 4 个边上无法连接的元素都是应该被清除的。

算法如下：

1. 从 4 个边上的 O 元素开始 BFS，所有相连的 O 都赋个新值，比如‘Y’。

2. 扫描整个数组，将所有剩下的 O 元素全部置为 X，将所有 Y 元素置为 O。

【代码】

```
vector<int> xIndex;
vector<int> yIndex;
void solve(vector<vector<char>>&board) {
     int row = board.size();
     if(row == 0) return;
     int col = board[0].size();
     xIndex.clear();
     yIndex.clear();
     for(int i =0; i< row; i++)
    {
         if(board[i][0] == 'O') {
             xIndex.push_back(i);
             yIndex.push_back(0);
         }
         if(board[i][col-1] == 'O') {
```

```
                xIndex.push_back(i);
                yIndex.push_back(col-1);
            }
        }
        for(int i =0; i< col; i++)
        {
            if(board[0][i] == 'O') {
                xIndex.push_back(0);
                yIndex.push_back(i);
            }
            if(board[row-1][i] == 'O') {
                xIndex.push_back(row-1);
                yIndex.push_back(i);
            }
        }
        int k =0;
        while(k<xIndex.size())
        {
            int x = xIndex[k];
            int y = yIndex[k];
            board[x][y] = 'Y';
            if(x>0 && board[x-1][y] == 'O' ) {
                xIndex.push_back(x-1);
                yIndex.push_back(y);
            }
            if(x<row-1 && board[x+1][y] == 'O') {
                xIndex.push_back(x+1);
                yIndex.push_back(y);
            }
            if(y>0 && board[x][y-1] == 'O' ) {
                xIndex.push_back(x);
                yIndex.push_back(y-1);
            }
            if(y<col-1 && board[x][y+1] == 'O' ) {
                xIndex.push_back(x);
                yIndex.push_back(y+1);
            }
            k++;
```

```
        }
        for(int i =0; i< row; i++)
        {
            for(int j =0; j< col; j++)
            {
                if(board[i][j] =='O') board[i][j] = 'X';
                if(board[i][j] == 'Y') board[i][j] = 'O';
            }
        }
}
```

113. 成对地交换节点

给定一个链表，交换每两个相邻的节点，并返回其头节点。

例如，给定 1->2->3->4，应该返回 2->1->4->3。

你的算法应该使用常量级的空间。不应该修改链表中的值，只有其自身能够修改其值。

【解析】

可以使用双指针，一前一后，扫描数组，同时做元素互换。注意考虑一些边界用例，比如链表为空、链表长度为 1、链表长度为 2 等，这里通过引入一个 safe guard 来简化边界用例。

【代码】

```
ListNode *swapPairs(ListNode *head) {
    if(head == NULL) return NULL;
    if(head->next == NULL) return head;
    ListNode* safeG = new ListNode(-1);
```

```
    safeG->next= head; // head will be changed in next switch
    ListNode *pre = head->next;
    ListNode *cur = head;
    ListNode *post = safeG;
    while(pre!=NULL)
     {
         ListNode* temp = pre->next;
         pre->next = cur;
         cur->next = temp;
         post->next = pre;
         post= cur;
         if(post->next == NULL) break;
         cur = post->next;
         pre = cur->next;
     }
     head = safeG->next;
     delete safeG;
     return head;
}
```

递归（更简洁）

```
ListNode *swapPairs(ListNode *head) {
  if (head == NULL || head->next == NULL) {
    return head;
  }
  ListNode* nextPair = head->next->next;
  ListNode* newHead = head->next;
  head->next->next = head;
  head->next = swapPairs(nextPair);
  return newHead;
}
```

114. 对成树

给定一个二叉树，检查它是否是自己的镜像（即，围绕其中心对称）。

例如，如下的二叉树是对称的：

```
    1
   / \
  2   2
 / \ / \
3  4 4  3
```

但是如下的二叉树不是对称的：

```
    1
   / \
  2   2
   \   \
   3    3
```

注意，如果能够用递归和迭代这两种来解决这道题，那真是太好了。

【解析】

有两种方法来解决这个问题：

1. 非递归解法。按层遍历，每一层检查是否是对称的。

2. 递归解法。对于任意一个树节点，以之为根的子树是对称的条件是：

a. 左子节点的值等于右子节点的值。

b. 左子节点的左子树和右子节点的右子树对称。

c. 左子节点的右子树和右子节点的左子树对称。

【代码】

```
Iteration:
bool isSymmetric(TreeNode *root) {
     if(root == NULL) return true;
```

```
    vector<TreeNode*> visitQueue;
    visitQueue.push_back(root);
    int curLevel=1;
    while(curLevel >0)
    {
        int i=0;
        while(i<curLevel)
         {
            TreeNode* p = visitQueue[i];
            i++;
            if(p==NULL) continue;
            visitQueue.push_back(p->left);
            visitQueue.push_back(p->right);
         }
         int start = 0, end = curLevel-1;
         while(start< end)
         {
            TreeNode *pl = visitQueue[start];
            TreeNode *pr = visitQueue[end];
            int l = pl== NULL? -1:pl->val;
            int r = pr== NULL? -1: pr->val;
            if(l!=r)
                return false;
            start++;
            end--;
         }
         visitQueue.erase(visitQueue.begin(), visitQueue. begin() + curLevel);
         curLevel = visitQueue.size();
    }
    return true;
}
```

递归版本：

```
bool isSymmetric(TreeNode *root) {
    if(root == NULL) return true;
    return isSym(root->left, root->right);
}
bool isSym(TreeNode *left, TreeNode *right)
{
    if(left == NULL)
        return right ==NULL;
    if(right == NULL)
        return left == NULL;
    if(left->val != right->val)
        return false;
    if(!isSym(left->left, right->right))
        return false;
    if(!isSym(left->right, right->left))
        return false;
    return true;
}
```

115. 装雨水

给定 n 个非负的整数，表示一个海拔高度图，其中，每一个柱形的宽度为 1，计算在下雨之后它们能够装多少雨水。

例如，给定[0,1,0,2,1,0,1,3,2,1,2,1]，返回 6。

上面这个图是由数组[0,1,0,2,1,0,1,3,2,1,2,1]表示的。在这个例子中，可以装6个单位的雨水。

【解析】

本题最重要的是分析清楚。看下面的图。

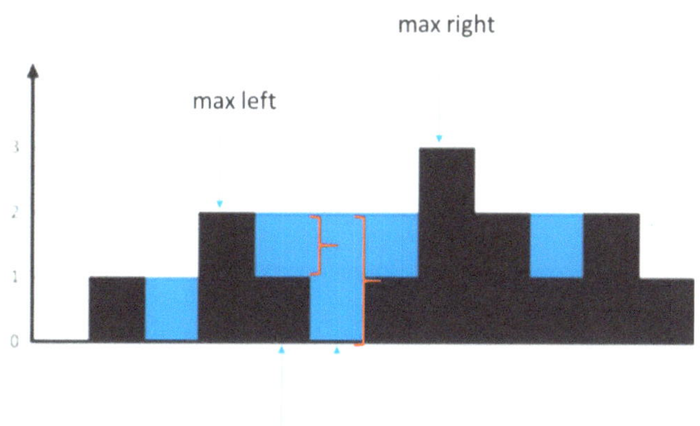

对于 Bar4 和 Bar5 而言，容积的计算方式可以总结为如下方程：

```
H[i] = min( Max(Array[j] ), Max(Array[k]) ) -Array[i]  where
j<i and k>i
```

简单地说，任一个 bar 的容积可以计算为，在左边的最高峰和右边的最高峰中取一个最小值，然后减去当前 bar 的高度。

算法如下：

1. 从左往右扫描一遍，对于每一个 bar，求取左边最大高度。

2. 从右往左扫描一遍，对于每一个 bar，求右边最大高度。

3. 再扫描一遍，应用上面的计算公式，求取容积并加和。

第 2 步和第 3 步可以合并成一个循环。

【代码】

```
int trap(int A[], int n) {
    if(n<2) return 0;
    int *maxL = new int[n], *maxR=new int[n];
    int max = A[0];
    maxL[0] =0;
    for(int i =1; i<n-1; i++)
    {
        maxL[i] =max;
        if(max < A[i])
            max = A[i];
    }
    max=A[n-1];
    maxR[n-1]=0;
    int ctrap,ttrap=0;
    for(int i = n-2; i>0; i--)
    {
        maxR[i] = max;
        ctrap = min(maxL[i], maxR[i]) -A[i];
        if(ctrap>0)
            ttrap+=ctrap;
        if(max<A[i])
            max = A[i];
    }
    delete maxL, maxR;
    return ttrap;
}
```

116. 三角形

给定一个三角形，求从顶部到底部的最小路径。每一步中，你可以移动到下一行中的相邻的数字上。例如，给定了如下的三角形：

```
[
     [2],
    [3,4],
   [6,5,7],
  [4,1,8,3]
]
```

从顶部到底部的最小的路径和是 11（即 2 + 3 + 5 + 1 = 11）。

注意，如果你能够使用 O(n)的额外空间（其中，n 是三角形的总的行数）来做到这一点，那就更好了。

【解析】

分析一下例子，很容易发现规律。每一个元素的最小路径都是依赖于其上面两个元素的最小路径。如果定义 MinV[i][j]为 (i，j)的最小路径和，那么递推方程可以推导为：

```
MinV[i][j] =  array[i][j]     if i== row-1
 Or
                =  min(MinV[i+1][j], MinV[i+1][j+1]) + array[i][j]
if i!= row-1
```

在实现的过程中，不需要二维数组。使用滚动数组从下往上计算就好。

【代码】

```
int minimumTotal(vector<vector<int>>&triangle) {
     int row = triangle.size();
     if(row ==0) return 0;
     vector<int> minV(triangle[row-1].size());
     for(int i =row-1; i>=0; i--)
     {
          int col = triangle[i].size();
          for(int j =0; j<col; j++)
```

```
            {
                if(i == row-1)
                {
                    minV[j] = triangle[i][j];
                    continue;
                }
                minV[j] = min(minV[j], minV[j+1]) + triangle[i][j];
            }
        }
        return minV[0];
    }
```

117. 唯一的二叉搜索树

给定了 n，有多少结构唯一的二叉搜索树能够存储值 1...n?

例如，给定 $n = 3$，一共有 5 种唯一的二叉搜索树。

```
   1         3     3      2      1
    \       /     /      / \      \
     3     2     1      1   3      2
    /     /       \                 \
   2     1         2                 3
```

【解析】

如果从上面的例子看不出来思路，那么我们把上面的例子重新排列一下子，如下图所示。

```
  1               1                     2
   \               \                  /    \
     3               2              1        3
    /                 \
  2                     3
```

是不是看出来规律了？比如，以 1 为根的树有几个，完全取决于有二个元素的子树有几种。同理，2 为根的子树取决于一个元素的子树有几个。以 3 为根的情况，则与 1 相同。

定义 Count[i]为以[0,i]能产生的唯一二叉树的数目，

如果数组为空，毫无疑问，只有一种 BST，即空树

```
Count[0] =1
```

如果数组仅有 1 个元素{1}，只有一种 BST，单个节点

```
Count[1] = 1
```

如果数组有两个元素{1,2}，那么有如下两种可能：

```
1                    2
 \                  /
   2              1
```

所以，

```
Count[2] =     Count[0] * Count[1]  (1 is the root)
                              + Count[1] * Count[0] (2 is the root)
```

再看一遍 3 个元素的数组，可以发现 BST 的取值方式如下：

```
Count[3] =     Count[0]*Count[2] (1 is the root)
                    + Count[1]*Count[1] (2 is the root)
                            + Count[2]*Count[0] (3 is the root)
```

所以，由此观察，可以得出 Count 的递推公式为

```
 Count[i] = ∑Count[0...k] * Count[ k+1....i]   0<=k<i-1
```

问题至此划归为一维动态规划

【代码】

```
int numTrees(int n) {
     vector<int> count(n+1, 0);
     count[0] =1;
     count[1] =1;
     for(int i =2; i<=n; i++)
     {
         for(int j =0; j<i; j++)
         {
             count[i] += count[j]*count[i-j-1];
         }
     }
     return count[n];
}
```

注意

刚拿到这题的时候，可能不知道从那下手，因为对于 BST 是否唯一的，很难判断。所以，需要引入了如下条件，进行简化。

当数组为 1，2，3，4，.. *i*，.. *n* 时，基于以下原则的 BST 建树具有唯一性:

以 *i* 为根节点的树，其左子树由[0, *i*-1]构成，其右子树由[*i*+1, *n*]构成。

118. 唯一的二叉搜索树 II

给定了 *n*，生成能够存储值 1...*n* 的所有结构唯一的二叉搜索树?

例如，给定 *n* = 3，程序应该返回如下所有 5 种唯一的二叉搜索树。

```
  1         3     3      2      1
   \       /     /      / \      \
    3     2     1      1   3      2
   /     /       \                 \
  2     1         2                 3
```

【解析】

和上一题的思路一致，不过需要输入所有的唯一二叉树。这里可以用递归来解决，划分左右子树，然后递归构造。

【代码】

```
vector<TreeNode *> generateTrees(int n) {
    if(n ==0) return *generate(1,0);
    return *generate(1, n);
}
vector<TreeNode *>* generate(int start, int end)
{
    vector<TreeNode *> *subTree =
                         new vector<TreeNode*>();
    if(start>end)
     {
         subTree->push_back(NULL);
         return subTree;
     }
     for(int i =start; i<=end; i++)
     {
         vector<TreeNode*> *leftSubs =
                              generate(start, i-1);
         vector<TreeNode*> *rightSubs =
                              generate(i+1, end);
         for(int j = 0; j< leftSubs->size(); j++)
         {
             for(int k=0; k<rightSubs->size(); k++)
```

```
            {
                TreeNode *node = new TreeNode(i);
                node->left = (*leftSubs)[j];
                node->right = (*rightSubs)[k];
                subTree->push_back(node);
            }
        }
    }
    return subTree;
}
```

119. 唯一路径

一个机器人位于一个 $m \times n$ 栅格的左上角（在图中，该位置的下方标有 Start）。在任何时候，机器人只能够向下或者向右移动。机器人试图到达栅格的右下方（图中标记有 Finish 的位置）。

有多少种可能的路径？

上图是一个 3×7 的栅格。其中存在多少中可能的唯一路径。

注意，m 和 n 最大值为 100。

【解析】

本题是比较简单的一维动态规划。可以定义 Step[i][j]从(0,0) 到 (i,j)的唯一路径数目，很容易得到递推方程式：

```
Step[i][j] = 1       i=0 && j=0
    or
 = Step[i-1][j] + Step[i][j-1]
i!=0 || j!=0
```

【代码】

在实现代码中，我们并没有真正去定义一个二维数组。我们使用了一种迭代式的方法。

```
int uniquePaths(int m, int n) {
    vector<int> maxV(n,0);
    maxV[0]=1;
    for(int i =0; i< m; i++)
    {
        for(int j =1; j<n; j++)
        {
            maxV[j] = maxV[j-1] + maxV[j];
        }
    }
    return maxV[n-1];
}
```

120. 唯一路径 II

继续上一道题目。

现在，考虑一下如果给栅格添加一些障碍物，会怎么样呢？将会有多少条唯一的路径呢。带有障碍物和空的格子，在栅格中分别标记为 1 和 0。例如，下图是在一个 3×3 的栅格中，有一个障碍物的情况。

```
[
[0,0,0],
  [0,1,0],
  [0,0,0]
]
```

一共有 2 种唯一的路径。

注意，m 和 n 的最大值为 100。

【解析】

思路和上一题一致，但是递推方程是略有不同。

```
Step[i][j] = 1       i=0 && j=0
        Or
            = Step[i-1][j] + Step[i][j-1] if Array[i][j] ==0
        Or
        = 0 if Array[i][j] =1
```

【代码】

```
        int uniquePathsWithObstacles(vector<vector<int>>& obstacleGrid) {
          int m = obstacleGrid.size();
          if(m ==0) return 0;
          int n = obstacleGrid[0].size();
          if(obstacleGrid[0][0] ==1) return 0;
          vector<int> maxV(n,0);
          maxV[0] =1;
          for(int i =0; i<m; i++)
          {
              for(int j =0; j<n; j++)
```

```
                {
                    if(obstacleGrid[i][j] ==1)
                        maxV[j]=0;
                    else if(j >0)
                        maxV[j] = maxV[j-1]+maxV[j];
                }
            }
            return maxV[n-1];
        }
```

121. 大写和小写排列

给定一个字符串，其中只包括字符 a-z。列出所有大写和小写的排列组合。

例如，str = "ab"，输出应该是"ab"、"aB"、"Ab"和"AB"。而对于 str = "abc"，输出应该是"abc"、"abC"、"aBc"、"aBC"、"Abc"、"AbC"、"ABc"和"ABC"。

【解析】

首先，可以考虑用递归的方法来做，因为每一个字符只有大写和小写两种可能，所以代码也很简单。

```
void ListPermutation(string sample, int depth, string& result)
{
    if(depth == sample.size())
    {
        prinf("%s\r\n", result.c_str());
        return;
    }
    // process low-case char
    result.push_back(sample[depth]);
     ListPermutation(sample, depth+1, result);
     result.pop_back();
```

```
        //process up-case char
        result.push_back(sample[depth]-32);
        ListPermutation(sample, depth+1, result);
        result.pop_back();
}
```

但是，如果考虑空间复杂度的话，递归的方法肯定无法解决大数据。其实，换个思路，这个题目有更简单的解法。因为只有大写和小写两种变化，那么我们可以把它们映射为 0 和 1 的变化。简单地说，如果字符串长 L，那么遍历区间[0,2^L-1]的所有整数，对于每一个整数，将其用二进制表示，然后根据每一位是 0 还是 1，来决定输出大写还是小写。这样的话，整体思路就更清晰，而且内存使用是 O(L)。

【代码】

```
void ListPermutation(string sample)
{
    int L = sample.size();
    long end = pow(2, L) -1;
    for(int i =0; i< end; i++)
    {
      // Convert Dec to Binary,
      // return a string to represent binary data with size L
        string binaryRep = ConvertDecToBinany(i, L);
         string output;
         for(int j=0; j<L; j++)
         {
             if(binaryRep[j] == '0') //low case
             {
                 output.push_back(sample[j]);
             }
             else
             {
                 output.push_back(sample[j]-32);
```

```
                }
            }
            printf("%s\r\n", output.c_str());
    }
}
```

122. 验证回文

给定一个字符串，判断它是否是一个回文，只考虑字母字符的情况，而忽略大小写。

例如，"A man, a plan, a canal: Panama" 是一个回文。而"race a car"不是回文。

注意，如何考虑字符串为空的情况？在面试的时候，这是一个很好的问题。对于本题，我们将空字符串定义为一个有效的回文。

【解析】

一道经典的双指针扫描问题。我们可以用两个指针从头尾往中间扫描。

【代码】

```
bool isPalindrome(string s) {
    int start = 0;
    int end = s.size()-1;
    std::transform(
        s.begin(), s.end(), s.begin(), ::tolower);
    while(start<end)
    {
        //filter non-alpha char
        while(start< end && !isAlpha(s[start])) start++;
         //filter non-alpha char
         while(start< end && !isAlpha(s[end])) end--;
```

```
            if(s[start]!=s[end]) break;
            start++;
            end--;
        }
        if(start >= end)
            return true;
        else
            return false;
}
bool isAlpha(char c)
{
        if(c>='a' && c<='z') return true;
        if(c>='0' && c<='9') return true;
        return false;
}
```

123. 验证括号

给定一个字符串，它只包括诸如这样的字符：'('、')'、'{'、'}'、'['和']'。括号必须以正确的顺序结束，"()"和"()[]{}" 都是有效的，但 "(]"和"([)]" 是无效的。

【解析】

这是一道经典的栈匹配题目。维持一个栈，遇到左括号的时候入栈，遇到右括号的时候出栈。最后检查栈是否为空。

【代码】

```
bool isValid(string s) {
    vector<char> sta;
    if(s.size() ==0) return false;
    sta.push_back(s[0]);
    for(int i =1; i< s.size(); i++)
    {
```

```
        if(s[i] == '(' || s[i] == '[' || s[i] == '{')
        {
            sta.push_back(s[i]);
            continue;
        }
        char current = sta.back();
        if(s[i] == ')' && current != '(') return false;
        if(s[i] == ']' && current != '[') return false;
        if(s[i] == '}' && current != '{') return false;
        sta.pop_back();
    }
    if(sta.size() !=0) return false;
    return true;
}
```

124. 验证数独

判断一个数独是否有效，依据是数独游戏规则。

数独游戏板有一部分是填充的，而空格用字符'.'表示。

一个部分填充的、有效的数独，如下图所示。

5	3			7				
6			1	9	5			
	9	8					6	
8				6				3
4			8		3			1
7				2				6
	6					2	8	
			4	1	9			5
				8			7	9

【解析】

这和八皇后问题类似，都是用递归来遍历解空间，但是注意截止条件的不同：

1. 检查行是否符合要求。

2. 检查列是否符合要求。

3. 检查小 9 格是否符合要求。

【代码】

```
bool isValidSudoku(vector<vector<char>>&board) {
      if(board.size() == 0) return false;
      int row[9], col[9];
      for(int i =0; i<9; i++)
      {
          memset(row, 0, 9*sizeof(int));
          memset(col, 0, 9*sizeof(int));
          for(int j =0; j<9; j++)
          {
                if(board[i][j] != '.')
                {
                     if(row[board[i][j]-49] ==1)
                          return false;
                     row[board[i][j]-49]++;
                }
                if(board[j][i] != '.')
                {
                     if(col[board[j][i]-49] ==1)
                          return false;
                     col[board[j][i]-49]++;
                }
          }
      }
      for(int i =0; i< 9; i+=3)
      {
```

```
        for(int j =0; j<9; j+=3)
        {
            memset(row, 0, 9*sizeof(int));
            for(int m=0; m<3; m++)
            {
                for(int n =0; n<3; n++)
                {
                    if(board[m+i][n+j] == '.')
                        continue;
                    if(row[board[m+i][n+j]-49] ==1)
                        return false;
                    row[board[m+i][n+j]-49]++;
                }
            }
        }
    }
    return true;
}
```

125. 验证二叉搜索树

给定一个二叉树，判断它是否是有效的二叉搜索树。

假设一个二叉搜索树的定义如下：

一个节点左边的子树，只包含那些键小于该节点的键的节点。

一个节点右边的子树，只包含那些键大于该节点的键的节点。

左边的子树和右边的子树也必须是二叉搜索树。

【解析】

对于二叉搜索树的定义：对于任一节点，大于其左子树的最大值，小于其右子树的最小值。所以，在递归的过程中，记录左子树的最大值和右子树的最小值，进行比较即可。

或者也可以用中序遍历，看看生成的遍历路径是否为递增的。

【代码】

```
bool isValidBST(TreeNode *root) {
    return IsValidBST(root, INT_MIN, INT_MAX);
}
bool IsValidBST(TreeNode* node, int MIN, int MAX)
{
    if(node == NULL)
        return true;
    if(node->val > MIN
            && node->val < MAX
            && IsValidBST(node->left,MIN,node->val)
            && IsValidBST(node->right,node->val,MAX))
        return true;
    else
        return false;
}
```

126. 通配符匹配

实现支持 r '?'和'*'的通配符模式匹配。

```
'?' Matches any single character.
'*' Matches any sequence of characters (including the empty sequence).
The matching should cover the entire input string (not partial).
The function prototype should be:
```

```
bool isMatch(const char *s, const char *p)
Some examples:
isMatch("aa","a") →false
isMatch("aa","aa") →true
isMatch("aaa","aa") →false
isMatch("aa", "*") →true
isMatch("aa", "a*") →true
isMatch("ab", "?*") →true
isMatch("aab", "c*a*b") →false
```

【解析】

主要是通配符*的匹配问题。在扫描 s 和 p 的过程中，每遇到一个*，就记录当前*的坐标和 s 的坐标，然后 s 从前往后扫描，如果能成功匹配 p，则返回 true，如果不成功，则返回上一次记录的 s 坐标，右移一位重新扫描。

【代码】

```
bool isMatch(const char *s, const char *p) {
    bool star = false;
    const char *str, *ptr;
    for(str = s, ptr =p; *str!='\0'; str++, ptr++)
    {
        switch(*ptr)
        {
            case '?':
                break;
             case '*':
                star =true;
                s=str, p =ptr;
                while(*p=='*')
                    p++;
                if(*p == '\0') // if nil after '*', return true
                    return true;
```

```
                    str = s-1;
                    ptr = p-1;
                    break;
                default:
                    {
                        if(*str != *ptr)
                        {
                            // if no '*' in front, match failed
                            if(!star)
                                return false;
                            s++;
                            str = s-1;
                            ptr = p-1;
                        }
                    }
            }
        }
        while(*ptr== '*')
            ptr++;
        return (*ptr == '\0');
}
```

127. 单词拆分

给定一个字符串 *s* 和单词的一个字典 dict，判断 *s* 是否能够分段为一个和多个字典单词所组成的空格隔开的序列。

例如，给定 *s* = "leetcode",

```
dict = ["leet", "code"]
```

返回 true，因为 "leetcode"可以分段为"leet code"。

【解析】

还是一个动态规划问题。将 possible[i]定义为 *s* 字符串上[0,i]的子串是否可以根据字典进行分段。

那么，可以得到如下的递推方程：

```
possible[i]
= true if S[0,i] can be segmented
    =true  if  there exist a k(0<k<i), which makes
possible[k] == true and S[k+1,j] is in the dictionary
    = false     if    no such k exist.
```

【代码】

实现时前面加一个 dummy 节点，这样可以把 3 种情况统一到一个表达式里面。

```
bool wordBreak(string s, unordered_set<string>&dict) {
    string s2 = '#' + s;
    int len = s2.size();
    vector<bool> possible(len, 0);
    possible[0] = true;
    for(int i =1; i< len; ++i)
    {
        for(int k=0; k<i; ++k)
        {
            possible[i] =
                possible[k] &&
                        dict.find(s2.substr(k+1, i-k)) != dict.end();
            if(possible[i]) break;
        }
    }
    return possible[len-1];
}
```

128. 单词拆分 II

给定一个字符串 *s* 和单词的一个字典 dict，在 *s* 中添加空格，以形成一个句子，而其中的每一个单词都是一个有效的字典单词。

返回所有这种可能的句子。

```
For example, given
s = "catsanddog",
dict = ["cat", "cats", "and", "sand", "dog"].
A solution is ["cats and dog", "cat sand dog"].
```

例如，给定 *s* = "catsanddog",

dict = ["cat", "cats", "and", "sand", "dog"]。

一个解决方案是["cats and dog", "cat sand dog"]。

【解析】

可以用递归处理，但是要注意剪枝，否则解空间太大。同上，这里加上一个 possible 数组，如同 WordBreak I 里面的 DP 数组一样，用于记录区间拆分的可能性

possible[i] = true 意味着[i,n]这个区间上有解

加上剪枝以后，运行时间就大大减少了。

【代码】

```
vector<string> wordBreak(string s, unordered_set<string>&dict)
{
```

```
    string result;
    vector<string> solutions;
    int len = s.size();
    vector<bool> possible(len+1, true);
      GetAllSolution(0, s, dict, len, result, solutions, possible);
    return solutions;
}
void GetAllSolution(int start, const string& s,
     const unordered_set<string>&dict, int len,
     string& result, vector<string>& solutions,
     vector<bool>& possible)
{
     if (start == len)
     {
         solutions.push_back(result.substr(0, result.size()-1));
          return;
     }
     for (int i = start; i< len; ++i)
     {
          string piece = s.substr(start, i - start + 1);
          if (dict.find(piece) != dict.end()
               && possible[i+1]) // skip unnecessary search
          {
               result.append(piece).append(" ");
               int beforeChange = solutions.size();
                 GetAllSolution(i + 1, s, dict, len, result, solutions, possible);
               if(solutions.size() == beforeChange)
               {
                    // if no solution found, set the possibility to false
                    possible[i+1] = false;
               }
               result.resize(result.size() - piece.size()-1);
          }
     }
}
```

附录 阅读列表

如下的阅读列表将帮助你获取当前 IT 行业中的一些基础知识，并且帮助你了解如何使用一些基本的设计原理来设计一个分布式系统。

并发性

[1]. In Search of an Understandable Consensus Algorithm. Diego Ongaro, John Ousterhout, 2013

[2]. A Simple Totally Ordered Broadcast Protocol. Benjamin Reed, Flavio P. Junqueira,2008

[3]. Paxos Made Live - An Engineering Perspective. Tushar Deepak Chandra, Robert Griesemer, Joshua Redstone, 2007

[4]. The Chubby Lock Service for Loosely-Coupled Distributed Systems. Mike Burrows, 2006

[5]. Paxos Made Simple. Leslie Lamport, 2001

[6]. Impossibility of Distributed Consensus with One Faulty Process. Michael Fischer, Nancy Lynch, Michael Patterson, 1985

[7]. The Byzantine Generals Problem. Leslie Lamport, 1982

[8]. An Algorithm for Concurrency Control and Recovery in Replicated Distributed Databases. PA Bernstein, N Goodman, 1984

[9]. Wait-Free Synchronization. M Herlihy..., 1991

[10]. ZooKeeper: Wait-free coordination for Internet-scale systems. P Hunt, M Konar, FP Junqueira, 2010

一致性

[1]. Highly Available Transactions: Virtues and Limitations. Peter Bailis, Aaron Davidson, Alan Fekete, Ali Ghodsi, Joseph M. Hellerstein, Ion Stoica, 2013

[2] . Consistency Tradeoffs in Modern Distributed Database System Design. Daniel J. Abadi, 2012

[3]. CAP Twelve Years Later: How the"Rules"Have Changed. Eric Brewer, 2012

[4]. Optimistic Replication. Yasushi Saito and Marc Shapiro, 2005

[5] . Brewer's Conjecture and the Feasibility of Consistent, Available, Partition-Tolerant Web Services. Seth Gilbert, Nancy Lynch, 2002

[6]. Harvest, Yield, and Scalable Tolerant Systems. Armando Fox, Eric A. Brewer, 1999

[7]. Linearizability: A Correctness Condition for Concurrent Objects. Maurice P. Herlihy, Jeannette M. Wing, 1990

[8]. Time, Clocks, and the Ordering of Events in a Distributed System. Leslie Lamport, 1978

无冲突数据结构

[1]. A Comprehensive Study of Convergent and Commutative Replicated Data

Types. Mark Shapiro, Nuno Preguiça, Carlos Baquero, Marek Zawirski, 2011

[2]. A Commutative Replicated Data Type For Cooperative Editing. Nuno Preguica, Joan Manuel Marques, Marc Shapiro, Mihai Letia, 2009

[3]. CRDTs: Consistency without Concurrency Control. Mihai Letia, Nuno Preguiça, Marc Shapiro, 2009

[4]. Conflict-free replicated data types. Marc Shapiro, Nuno Preguiça, Carlos Baquero, Marek Zawirski, 2011

[5]. Designing a commutative replicated data type. Marc Shapiro, Nuno Preguiça, 2007

分布式编程

[1]. Logic and Lattices for Distributed Programming. Neil Conway, William Marczak, Peter Alvaro, Joseph M. Hellerstein, David Maier, 2012

[2]. Dedalus: Datalog in Time and Space. Peter Alvaro, William R. Marczak, Neil Conway, Joseph M. Hellerstein, David Maier, Russell Sears, 2011

[3]. MapReduce: Simplified Data Processing on Large Clusters. Jeffrey Dean, Sanjay Ghemawat, 2004

[4]. A Note On Distributed Computing. Samuel C. Kendall, Jim Waldo, Ann Wollrath, Geoff Wyant, 1994

[5]. An Overview of the Scala Programming Language. M Odersky, P Altherr, V Cremet, B Emir, S Man, 2004

[6]. Erlang. Joe Ar mstrong, 2010

系统

分布式系统的实现和理论

[1]. A History of The Virtual Synchrony Replication Model. Ken Birman, 2010

[2] . Cassandra—A Decentralized Structured Storage System . Avinash Lakshman, Prashant Malik, 2009

[3] . Dynamo: Amazon's Highly Available Key-Value Store . Giuseppe DeCandia, Deniz Hastorun, Madan Jampani, Gunavardhan Kakulapati, Avinash Lakshman, Alex Pilchin, Swaminathan Sivasubramanian, Peter Vosshall and Werner Vogels, 2007

[4]. Stasis: Flexible Transactional Storage. Russell Sears, Eric Brewer, 2006

[5]. Bigtable: A Distributed Storage System for Structured Data. Fay Chang, Jeffrey Dean, Sanjay Ghemawat, Wilson C. Hsieh, Deborah A. Wallach, Mike Burrows, Tushar Chandra, Andrew Fikes, and Robert E. Gruber, 2006

[6]. The Google File System. Sanjay Ghemawat, Howard Gobioff, and Shun-Tak Leung, 2003

[7]. Lessons from Giant-Scale Services. Eric A. Brewer, 2001

[8]. Towards Robust Distributed Systems. Eric A. Brewer, 2000

[9] . Cluster-Based Scalable Network Services . Armando Fox, Steven

D．Gribble, Yatin Chawathe, Eric A．Brewer, Paul Gauthier, 1997

[10]．The Process Group Approach to Reliable Distributed Computing．Ken Birman, 1993

[11]．Bitcoin: A Peer-to-Peer Electronic Cash System.

[12]．The Hadoop Distributed File System．Konstantin Shvachko, Hairong Kuang, Sanjay Radia, Robert Chansler, 2010

[13]．Hive–A Petabyte Scale Data Warehouse Using Hadoop．A Thusoo, JS Sarma, N Jain, Z Shao, 2010

[14]．Scalable Web Architecture and Distributed Systems．Kate Matsudaira

[15]．Kafka: a Distributed Messaging System for Log Processing．J Kreps, N Narkhede, 2011

[16]．Storm: Distributed and fault-tolerant real-time computation．Nathan Marz, 2012

[17]．Spark: Cluster Computing withWorking Sets．M Zaharia, M Chowdhury, MJ Franklin…, 2010

[18]．Flat Datacenter Storage．EB Nightingale, J Elson, J Fan, OS Hofmann, J Howell…, 2012

[19]．Ananta: Cloud Scale Load Balancing．P Patel, D Bansal, L Yuan, A Murthy…, 2013

[20]．F1 - The Fault-Tolerant Distributed RDBMS Supporting Google's Ad

Business. Jeff Shute, Stephan Ellner..., 2012

[21]. BigTable, Dynamo & Cassandra–A Review. A Kala Karun, S Surendran, 2012

[22]. Windows Azure Storage: A Highly Available Cloud Storage Service with Strong Consistency. B Calder, J Wang, A Ogus, N Nilakantan..., 2011

可靠性

The Dangers of Replication and a Solution. J Gray, P Helland, P O'Neil, D Shasha - ACM SIGMOD Record, 1996

工业实现

[1]. Hadoop Architecture and its Usage at Facebook. Dhruba Borthakur, 2009

[2]. WEB SEARCH FOR A PLANET: THE GOOGLE CLUSTER ARCHITECTURE. LA Barroso, J Dean, U Holzle - Micro, Ieee, 2003

[3]. HDFS scalability: the limits to growth. Konstantin V. Shvachko, 2010

[4]. Autopilot: Automatic Data Center Management. Michael Isard, 2007

[5]. Storage Infrastructure behind Facebook Messages: Using HBase at Scale. AS Aiyer, M Bautin, GJ Chen, P Damania, 2012

[6]. Scaling Memcache at Facebook. R Nishtala, H Fugal, S Grimm, M Kwiatkowski, 2013

[7]. Finding a needle in Haystack: Facebook's photo storage. D Beaver, S Kumar, HC Li, J Sobel, P Vajge, 2010

[8]. Apache Hadoop Goes Realtime at Facebook. D Borthakur, J Gray, JS Sarma…, 2011

[9]. Data Warehousing and Analytics Infrastructure at Facebook. A Thusoo, Z Shao, S Anthony, D Borthakur…, 2010

[10]. Large Scale Computing @ Linkedin. Bhupesh Bansal, 2009

[11]. An Analysis of Facebook Photo Caching. Q Huang, K Birman, R van Renesse, W Lloyd…, 2013

[12]. The"Big Data"Ecosystem at LinkedIn. R Sumbaly, J Kreps, S Shah, 2013

[13]. Data Infrastructure at LinkedIn. A Auradkar, C Botev, S Das…, 2012

语言

Deep C (and C++) . Olve Maudal and Jon Jagger, 2011

其他

[1]. ColumnStores vs. RowStores: How Different Are They Really?DJ Abadi, SR Madden, N Hachem, 2008

[2]. Hadoop and its evolving ecosystem. J. Yates Monteith, John D. McGregor, and John E. Ingram

[3]. Orleans: Cloud Computing for Everyone. S Bykov, A Geller, G Kliot, JR Larus, R Pandya, 2011

[4]. Twitter Data Analytics. Shamanth Kumar, Fred Morstatter, Huan Liu, 2013

[5]. MapReduce is Good Enough? If All You Have is a Hammer, Throw Away Everything That's Not a Nail!Jimmy Lin, 2012

数据挖掘

[1]. Data Mining with Big Data. X Wu, X Zhu, GQ Wu, W Ding, 2014

[2]. SAMOA: A Platform for Mining Big Data Streams. G De Francisci Morales , 2013

[3]. Mining Big Data: Current Status, and Forecast to the Future. W Fan, A Bifet, 2013

[4]. Scaling Big Data Mining Infrastructure: The Twitter Experience. J Lin, D Ryaboy, 2013

图书

[1]. Cloud Design Pattern.

[2]. Data Access For Highly scalable solutions.

[3]. Computer Architecture - A Quantitative Approach.

[4]. DISTRIBUTED SYSTEMS - Concepts and Design. Fifth Edition. George Coulouris

[5]. Beautiful Architecture. Diomidis Spinellis, Georgios Gousios etc

[6]. Mining Social Media: Tracking Content and Predicting Behavior. Manos Tsagkias

[7]. Seven Databases in Seven Weeks. Eric Redmond and Jim R. Wilson

www.ingramcontent.com/pod-product-compliance
Ingram Content Group UK Ltd.
Pitfield, Milton Keynes, MK11 3LW, UK
UKHW061029310726
14090UKWH00027B/364

* 9 7 8 7 1 1 5 4 1 9 0 1 9 *